AENNE BURDA
VERLEGERIN DES GUTEN GESCHMACKS

Ihre Lieblingsrezepte

Aus Baden, Elsass und der Welt

Liebte schnelle Autos
Aenne Burda mit ihrer Corvette.

Inhalt

3	Inhalt
5	Editorial
6	Kindheitsgerichte
20	Der feine Sonntagsbraten
40	Zu Gast bei Aenne & Franz Burda
68	Pasta, Party & Amore
88	Legendäre Jagdessen
104	Glamouröse Bälle & Bambi-Galas
142	Frau von Welt
188	Die perfekte Gastgeberin
194	Cocktails
200	Gerichte aus der Heimat
240	Über die Mode zum Lifestyle
242	Wein ist Heimat
248	Adressen der empfohlenen Weingüter
250	Unsere Genuss-Experten
252	Register aller Rezepte
254	Aenne Burda
256	Impressum

Start in den Abend – Aenne und Franz Burda beim Apéro mit Canapés.

Editorial

Auf den kulinarischen Spuren von Aenne Burda

Bitte gestatten Sie mir, dass ich mich Ihnen kurz vorstelle. Mein Name ist Sophie Hummel. Ich bin im Schwarzwald aufgewachsen – in Rufweite des malerischen Ortes Menzenschwand. Kunstliebhabern unter Ihnen bekannt als der Heimatort des im 19. Jahrhundert gefragtesten Porträtmalers Franz Xaver Winterhalter. Sein Bildnis der Kaiserin Sisi gehört zu den bekanntesten Porträts einer Adligen.

Badische Genuss-Botschafterin:
Sophie Hummel hat die besten Rezepte von Aenne Burda zusammengestellt. Ein Zeugnis badischer und elsässischer Kochkunst. Und ein Beleg der herzlichen Gastlichkeit der großen Verlegerin.

Doch in Menzenschwand, am Fuße des Feldbergs, steht auch das stolze Jagdhaus der Familie Burda. Hier empfing das Verleger-Ehepaar Aenne und Franz Burda wichtige Gäste. Hier wurden Jagdgesellschaften abgehalten. Hier wurden Geschäfte gemacht. Und hier wurde vor allem gut gegessen.

Als junges Mädchen schon war ich fasziniert von der Biografie der großen Verlegerin Aenne Burda. Eine entschlossene Persönlichkeit, die bereits in der Nachkriegszeit – als Frauen ihre Männer noch offiziell um Erlaubnis bitten mussten, wenn sie arbeiten wollten – das Vorbild einer emanzipierten Frau war. Mit der Zeitschrift „Burda Moden" gründete sie ein eigenes Verlags-Imperium. Stets auf Augenhöhe mit ihrem Mann, der Verleger-Legende Senator Franz Burda.

Aenne Burda war nicht nur eine erfolgreiche Unternehmerin. Sie war vor allem eine liebevolle Mutter und eine herzliche Gastgeberin. Sie wusste, wie wichtig ein gutes Essen sowohl für den Zusammenhalt der Familie als auch als Basis für gelungene Geschäfte war. Ob Politiker wie Franz-Josef Strauß, Sänger wie Udo Jürgens oder wegweisende Künstler wie Andy Warhol – sie alle erlagen nicht nur Aenne Burdas Charme, sie erlagen auch ihrer kulinarischen Kunst.

Ich, das Mädchen aus dem Schwarzwald mit einer Ausbildung im Hotelfach, habe mich auf die kulinarischen Spuren von Aenne Burda begeben. Ich durfte in den Archiven des Burda Verlages recherchieren und in ihren persönlichen Rezeptsammlungen stöbern.

Das Jagdhaus der Familie Burda im badischen Menzenschwand.
Hier trafen sich große Jagdgesellschaften, und bei gutem Essen wurden Geschäfte angebahnt.

Diese Erfahrungen möchte ich gerne mit Ihnen teilen. Mit einem engagierten Team haben wir die besten Gerichte für Sie zusammengestellt, mit berühmten Köchen, die noch für Aenne Burda gearbeitet haben, nachgekocht und auf dem Original-Geschirr von Aenne Burda fotografiert. Die Gerichte sind analog zu biografischen Stationen von Aenne Burda sortiert und geben nicht nur eine Inspiration zum Nachkochen. Sie lassen Aenne Burda mit ihrer herzlichen Gastlichkeit wieder lebendig werden.

Sophie Hummel
Genuss-Botschafterin für Baden

Familie Lemminger
Die kleine Aenne Burda (rechts) geborene Lemminger, mit ihrer Mutter Anna Maria, Vater Franz und den Geschwistern Wilhelmine und Eugen Lemminger.

Kindheitsgerichte

Was bei der Eisenbahnerfamilie der kleinen Aenne
Anfang des 20. Jahrhunderts auf den Tisch kam

Erdäpfel vom Kartoffelmann

Es gibt sie, diese leuchtenden Kindheitserlebnisse, die sich für immer in unser Gedächtnis eingegraben haben. Momentaufnahmen, Geräusche, Gerüche und das Gefühl des kleinen Glücks, das sie uns beschert haben. Sie sind ein kostbarer Schatz, den wir hüten wie Juwelen. Für Aenne Burda, die deutsche Wirtschaftswunderfrau, Königin der Mode, Verlegerin von „Burda Moden", führte die Nostalgiereise stets in die badische Kleinstadt Offenburg, wo sie am 28. Juli 1909 als Anna Magdalene Lemminger geboren wurde. Die Mutter streng religiös, der Vater bei der Eisenbahn und schwarz vor Ruß, wenn er von der Arbeit heimkam. Ihr Bruder Eugen war vier Jahre älter. 20 Monate nach Anna kam Schwesterchen Wilhelmine zur Welt. Lemmingers waren ordentliche Leute, nicht wirklich arm, aber auch nicht reich. Durchschnitt eben, wie die vielen anderen Eisenbahnerfamilien in Offenburg auch. Der Vater brachte das Geld nach Hause, die Mutter wirtschaf-

Die stolze Aenne mit Kerze und Schleier bei der ersten heiligen Kommunion.

Die Geschwister Wilhelmine, Eugen und Aenne (Mitte) vor der Remise der elterlichen Wohnung in der Gaswerkstraße in Offenburg.

tete sparsam, so dass sie zweimal die Woche Fleisch auf den Tisch bringen konnte. Saure Leber mit Bratkartoffeln oder Fleischküchle, halb Rind, halb Schwein, mit Kartoffelsalat. Sonntags auch mal einen Braten. Dann vielleicht mit Kartoffelknödeln. Kartoffeln gab es oft, in allen Variationen. Gekocht, gebraten, gebacken, als Suppe. „Erdäpfel" wurden sie im Dialekt genannt, und Erdäpfel waren billig. Auf dem Offenburger Marktplatz stand ein Denkmal des „Kartoffelmanns" Francis Drake.

Üppiger fielen die Mahlzeiten bei den wohlhabenden Verwandten in Mösbach aus, einem kleinen Dorf, 20 Kilometer von Offenburg entfernt. Sie waren Wirte und reiche Bauern, aßen täglich Speck und Hausmacherwurst und Fleisch vom eigenen Vieh und Geflügel. Hier musste niemand darben, und Anna war, trotz der strengen Onkel, gerne zu Gast. Gegen Ende des Ersten Weltkriegs fuhr sie alleine mit dem Zug aufs Land, um Milch zu hamstern. Sie war neun Jahre alt, als der Krieg vorbei und Schmalhans noch immer Küchenmeister war. „Es gab nur Kartoffeln, Kraut und Gerstensuppe, die habe ich natürlich gehasst", erinnerte sich Aenne Burda ein Leben lang.

Doch zwischen Eisenbahnschwarz und Kriegsgrau funkelten granatrote und smaragdgrüne Preziosen. Rote und grüne Limonade, die es in einer Wirtschaft am Waldrand gab. Ab und an, an Sommersonntagen, lud der Vater die Familie dorthin ein und spendierte jedem Kind ein Glas. Die Mutter hatte frisch gebackenes Brot in Scheiben geschnitten und wieder zu einem Laib verpackt. Es duftete herrlich. Und nichts, aber auch gar nichts, mundete so gut wie dieses einfache, unbelegte Brot zu der köstlich farbenfrohen Limonade. „Das war der Himmel!"

Modische Vorreiterin: Aenne hatte schon einen modischen Kurzhaarschnitt – die jüngere Schwester Wilhelmine noch Zöpfe.

Süße Indianerin: Aenne (1. von links) posiert an Fasnacht mit Freundinnen für den Fotografen.

Darf ich bitten? Tanzkränzchen im Jahr 1927 (Aenne 2. von rechts).

1926 im Blumenkleid: Aenne auf dem Weg zur Tanzstunde.

Im heimischen Garten. Nach der Schule beginnt Aenne eine Lehre zur kaufmännischen Angestellten.

Bibeleskäs
mit Pellkartoffeln

Zutaten
für 4 Personen

Bibeleskäs
800 g Bibeliskäs´
vom Bauernhof
oder als Alternative
2/3 Quark und
1/3 Schichtkäse
1 Knoblauchzehe
2 Schalotten
4 EL Schnittlauch
Salz, Pfeffer
und nach Belieben Kümmel.

**Für die Quark-Variante
noch zum Verfeinern:**
4 EL Sauerrahm oder
Crème fraîche

Pellkartoffeln
1 kg vorwiegend
festkochende Kartoffeln
(mittelgroß)
etwas Salz
Wasser
Nach Belieben:
1 TL Kümmel
oder 1-2 Lorbeerblätter

Bibeleskäs´ in Schüssel geben. Knoblauch und Schalotten klein schneiden und die restlichen Zutaten nach und nach einrühren und mit Schnittlauch garnieren. Pellkartoffeln und etwas Kümmel in einem Schälchen dazu reichen.

Hinweis: Der Name „Bibeleskäs´" erinnert an die geschlüpften Hühnerküken (badisch: Bibele), die dem Volksmund folgend auf den Bauernhöfen in Baden und im Schwarzwald mit dem selbstgemachten Frischkäse gefüttert und aufgezogen wurden.

Pellkartoffeln

Gut gewaschene, ungeschälte Kartoffeln mit kaltem Wasser bedecken, etwas salzen und zugedeckt aufkochen lassen. Nach Belieben Kümmel oder Lorbeerblatt zugeben. Danach bei mittlerer Hitze 20-25 Minuten weiterkochen. Nach ca. 15 Minuten Garzeit jedoch mit spitzem Messer Festigkeit prüfen. Sind die Kartoffeln gar, restliches Wasser abgießen und die Kartoffeln im heißen Topf abdampfen lassen, bis die Schale trocken ist. Wahlweise die Kartoffeln mit etwas zerlassener Butter oder ein wenig Leinöl beträufeln, danach sofort servieren.

Einfach und gut – Bibeleskäs mit Pellkartoffeln war bei Familie Lemminger ein fester Bestandteil des wöchentlichen Speiseplans.

Fleisch war damals absoluter Luxus. Wenn, dann wurde es als gebratenes Hackfleischküchlein serviert.

Kalbfleischküchle

mit Kartoffelsalat

Weißbrot in kleine Würfel schneiden und in lauwarmer Milch gut einweichen und anschließend ausdrücken. Kleine Zwiebelwürfel in einer Pfanne mit zerlassener Butter anbraten. Das Kalbshack salzen und mit Weißbrot, Zwiebelwürfel, Petersilie, Schnittlauch, Muskat und Pfeffer aus der Mühle vermengen. Separat Eier aufschlagen, Senf und etwas Zitronenabrieb unterrühren. Die Eier cremig rühren und zur Fleischmasse geben. Alles locker kneten. Kleine Bällchen formen und flach drücken.

Öl in einer Pfanne erhitzen und die Kalbfleischküchle darin von beiden Seiten kross anbraten. Im Kern können die Küchle je nach Gusto noch leicht rosa sein, dazu vorab ein „Probeküchle" anschneiden.

Kartoffelsalat

Ungeschälte Kartoffeln (vorzugsweise in gleicher Größe) in einen Topf Wasser geben, etwas salzen und aufkochen. Kochzeit je nach Größe ca. 20-25 Minuten. Nach der Hälfte der Garzeit bereits zum ersten Mal mit einem spitzen Messer Festigkeit kontrollieren. Wenn die Kartoffeln gar sind, das restliche Wasser sofort abgießen und die Kartoffeln etwas abkühlen lassen. Lauwarm schälen und mit einem Messer in gleichmäßige dünne Scheiben schneiden. Die Zwiebeln fein schneiden. Die Rinderbrühe nach und nach über die Kartoffeln geben. Den Salat sehr behutsam wenden, die einzelnen Kartoffelscheiben sollten möglichst nicht zerstört werden. Nacheinander Zwiebel, erneut etwas heiße Brühe, dann Essig, Öl, Gewürze zugeben. Den Salat mit einem Tuch abdecken und ca. eine halbe Stunde ziehen lassen. Wenn die Kartoffeln zu viel Flüssigkeit gebunden haben und trocken sind, nochmals etwas heiße Brühe nachgießen – ggfs. auch nachwürzen. Der Salat sollte „glänzen" und unbedingt lauwarm serviert werden.

Hinweis: Wahlweise kann man dem fertigen Kartoffelsalat auch gebratenen Speck oder Streifen von Endiviensalat unterheben.

Zutaten
für 4 Personen

Kalbfleischküchle
500 g Hackfleisch vom Kalb
80 g Weißbrot
120 ml lauwarme Milch
1 Zwiebel
1 EL Butter
2 EL Öl oder Butterschmalz zum Braten
1 EL glatte Petersilie
1 EL Schnittlauch
1 Messerspitze Muskat
1 Zitrone
2 Eier
1 EL Senf
Salz und Pfeffer aus der Mühle

Kartoffelsalat
für 4-6 Personen
1 kg Kartoffeln, unbedingt festkochend
2 kleine, milde Gemüsezwiebeln
400-500 ml kräftige Rinderbouillon
4 EL Weinessig (vorzugsweise handwerklich hergestellt)
8 EL Öl (hochwertiges, neutrales Sonnenblumen- oder Traubenkernöl)
Salz und Pfeffer aus der Mühle
1 Prise Muskatnuss

Gault&Millau
Meckatzer Weiss-Gold
das Sonntagsbier aus dem Allgäu
Ein enorm süffiges Bier mit feiner Herbe aus Tettnanger Aromahopfen ist eine absolute Lieblings-Konstellation.

Lezer (Rebsorte Terodego)
Azienda Agricola Foradori, Italien
Lezer steht hier für leichten, unbeschwerten Rotweingenuss, der mit feinem Gerbstoff etwas Herbe bringt und wunderbar anstatt eines Bieres zu diesem Klassiker passt. Er wird kühl getrunken.

Saure Leberle

mit Brägele

Mehl in einer Pfanne hellbraun rösten, abkühlen lassen und beiseitestellen. Kalbsleber trocken tupfen. Danach in Streifen (ca. 1 cm) schneiden. Butter und Öl in einer Pfanne erhitzen, die Zwiebel darin anschwitzen. Die Leberstreifen zugeben und mit dem hellbraunen Mehl bestäuben. Essig, Wein und Sahne zugießen und würzen. Kalbsfond unterziehen und die Leber noch 2-3 Minuten ziehen lassen.

Brägele (Bratkartoffeln)

Kartoffeln in etwa 2-3 mm dicke Scheiben schneiden. In einer Pfanne (aus Eisen oder mit dickem Boden) einen Teil des Fetts erhitzen und nur so viele Kartoffelscheiben hineingeben, dass jede Scheibe den Pfannenboden berührt. Um ein Anbrennen der Scheiben zu vermeiden, Hitzezufuhr ggfs. regulieren. Kartoffelscheiben wenden, einen Teil der Zwiebelwürfel zugeben und weiterbraten, bis sie knusprig sind. Gebratene Kartoffeln bei ca. 140° C Ober- und Unterhitze (120° C Umluft) im Backofen warm halten. Alle Kartoffelscheiben auf diese Art anbraten. Zum Schluss alle Bratkartoffeln in eine vorgewärmte Schüssel geben und abschmecken. Nach Belieben mit Schnittlauch oder Petersilie servieren.

Zur „Arme-Leute-Küche" gehörten Innereien, die man im nahe gelegenen Offenburger Schlachthof kaufte. Heute gelten frische Leber oder Nierchen als Delikatesse.

TIPP VON SOPHIE HUMMEL & BERND WERNER (Sterne-Koch von Schloss Eberstein): Die Leber auf keinen Fall vorab salzen, denn sie würde sonst alle Flüssigkeit verlieren und zäh werden. Beim Ablöschen mit Essig bitte nur einen qualitativ hochwertigen Essig verwenden.

Zutaten
für 4 Personen

Saure Leberle
2 EL Mehl
600 g Kalbsleber, gehäutet
20 g Butter
1 EL Sonnenblumenöl
1 Zwiebel, sehr fein gehackt
1 EL Weinessig
3 EL Rotwein oder
1/8 l trockener Weißwein
4 EL süße Sahne
Salz und Pfeffer aus der Mühle
250 ml Kalbsfond
(hell oder braun)

Brägele (Bratkartoffeln)
800 g rohe Kartoffeln
(festkochend), geschält
20 g Schmalz und 30 g Butter
1 kleine Zwiebel (fein geschnitten)
Salz und Pfeffer
nach Belieben:
fein geschnittener Schnittlauch
oder fein gehackte Petersilie

Gault&Millau
Pinot Noir
Weingut Schloss Neuweier,
Baden-Baden

Großartiger Spätburgunder aus dem Riesling-Gut von Robert Schätzle, der dank seiner feinen Gerbstoffe auch die Säure in diesem Gericht gut pariert.

Striebele mit Apfelmus – die gläubige Mutter von Aenne Burda liebte dieses fleischfreie Freitagsgericht.

Badische Striebele

mit Apfelmus

Mehl, 1 Prise Salz und den Vanillezucker vermengen. Eier, Milch und wahlweise Obstschnaps peu à peu zugeben und alles zu einem glatten, flüssigen Teig rühren. Öl in einem Topf auf ca. 180° C erhitzen. Den Teig mit einer Kelle in einen Trichter füllen und dabei die Öffnung mit einem Finger „verschließen". Den Trichter über das heiße Öl halten und den Finger leicht von der Trichteröffnung nehmen, so dass der Teig als gleichmäßiger dünner Faden in kreisförmigen Bewegungen von innen nach außen in das Öl fließt. Den Teig nach ca. 2 Minuten backen, mit der Schöpfkelle vorsichtig wenden und goldbraun zu Ende backen. Anschließend den Teig herausnehmen und auf Küchenpapier abtropfen lassen. Die Striebele sofort mit Puder- oder Zimtzucker bestäuben und servieren.

Apfelmus

Äpfel schälen, Kerngehäuse komplett entfernen und vierteln. Danach die Äpfel mit dem Wasser, dem Saft einer halben Zitrone und der Zimtstange in einen Topf geben und aufkochen lassen. Danach ca. 15-20 Minuten zugedeckt weiterköcheln, bis die Äpfel zerfallen. Mit einem Kartoffelstampfer nach Belieben fein stampfen und probieren – eventuell nachsüßen. Abkühlen lassen und servieren.

Zutaten
für 4 Personen

Badische Striebele
200 ml Milch
2 Eier
1 l Öl zum Frittieren
200 g Mehl
2 Päckchen Vanillezucker
1 Prise Salz
4 EL Puder- oder Zimtzucker
nach Belieben:
2 cl Obstschnaps (Obstler)

Apfelmus
1 kg säuerliche Äpfel
(z.B. Boskop)
1 Zitrone (unbehandelt)
200 ml Wasser
Zimtstange
50 g Zucker

Schneeballen

nach Großmutter Art

Eiweiß mit Salz in die Küchenmaschine geben. Zuerst auf mittlerer Stufe schaumig schlagen, sobald es fest zu werden beginnt, auf höchste Stufe hochschalten und zu steifem Schnee schlagen. 85 g Zucker mit der Stärke mischen und nach und nach einrieseln lassen. So lange schlagen, bis sich der Zucker ganz aufgelöst hat.

In einem großen, weiten Topf reichlich Wasser sprudelnd aufkochen. Aus dem Eischnee mit einer kleinen Schöpfkelle 4 große „Schneeballen" formen, auf das nur noch köchelnde Wasser setzen und 5 Minuten im offenen Topf garziehen lassen, dann wenden und weitere 10 Minuten ziehen lassen. Schneeballen mit einem Schaumlöffel herausnehmen, auf einem Kuchengitter abtropfen lassen.

Die Butter in einer Pfanne erhitzen, den restlichen Zucker hell- bis mittelbraun karamellisieren lassen. Dann rasch in Fäden über die Schneeballen ziehen. Mit den Mandelblättchen bestreuen. Sobald der Zucker erstarrt ist, die Schneeballen mit einer Palette auf Dessertteller setzen und mit Vanillesauce umgießen.

Zutaten
für 4 Personen

4 gut gekühlte Eiweiß
160 g Zucker
1 TL Speisestärke
1 Prise Salz
Wasser
10 g Butter
10 g fein gehobelte Mandeln

Gault&Millau
Pinot Brut
Weingut Stigler, Kaiserstuhl
Schneeballen in Kombination mit diesem feinen Winzersekt sind nicht nur für einen verschneiten Winternachmittag am offenen Kamin geeignet.

Ein Dessert, bei dem Fingerspitzengefühl gefragt ist – zu besonderen Anlässen wurden im Hause Lemminger Schneeballen nach „Großmutter Art" aufgetischt.

Sonntagsspaziergang mit den Buben Franz und Frieder durch die Offenburger Hauptstraße.

Der feine Sonntagsbraten

Womit die liebende Mutter ihre Familie glücklich machte

Die kluge Hausfrau und junge Mutter

Ja, ich will. Am 9. Juli 1931 hatte Anna Lemminger nicht nur zu Franz Burda, dem aufstrebenden Druckereibesitzer und Volkswirtschaftler mit Doktortitel, Ja gesagt, sondern auch zu einem besseren Leben. Dieser stattliche Mann mit Schmiss auf der Wange und kühnen Visionen ließ ihre Mädchenträume wahr werden. Als er ihr 150 Mark Haushaltsgeld auf die Kredenz in der Küche legte, wusste sie, dass sie alles richtig gemacht hatte. Nie hätte eine Eisenbahnerfrau solche Mittel im Monat zur Verfügung gehabt. Innerlich triumphierend führte sie ihrer Mutter den ersten eigenen Hausstand vor: „Sie ist an den Küchenschrank, hat die Schublade aufgezogen, und darin war alles perfekt, Küchenmesser, alles. Und dann sagte sie: Alles hat sie, nichts fehlt, gar nichts fehlt. Ein ganzes Leben habe ich darum gekämpft, und sie hat alles."

Anna Burda kam sich großartig und reich vor. Hoch erhobenen Hauptes ließ sie sich beim Metzger, in der Konditorei und im Feinkostladen mit Frau Doktor ansprechen. Sie war eine exzellente Hausfrau, hatte auf Geheiß der Mutter vor ihrer Heirat eine erstklassige Kochschule besucht. Jetzt verwöhnte sie ihren Franz mit raffinierten Rezepten, die sie handschriftlich in einem Wachstuchheft festhielt. Mit der Geburt ihrer Buben Franz (1932), Frieder (1936) und Hubert (1940) standen ihr ein Kindermädchen und eine Haushaltshilfe zu, die ihr auch in der Küche zur Hand ging.

Hing auch in Aennes Küche: Der Edeka-„Kalender der klugen Hausfrau" von 1952. Eines der ersten Druckerzeugnisse nach dem Krieg aus dem Hause Burda.

Das junge Paar: Aenne und Franz Burda träumen 1931 von der großen, weiten Welt.

Am Tag der Verlobung:
Bald trägt Aenne den
Nachnamen ihres Franz.

Sonntags gehörte ein Braten auf den Tisch. Eingerahmt von Suppe und Dessert. Ganz gleich, wie schwer die Zeiten waren. Als Kind, während des Ersten Weltkriegs, hatte die allgemeine Not auch sie getroffen. Jetzt war wieder Krieg. Aber sie hatte Geld und einen einflussreichen Mann mit Beziehungen an ihrer Seite. Und einen starken Willen. Nichts war ihr wichtiger, als eine perfekte Ehefrau, Mutter und Hausfrau zu sein. Gepflegt gekleidet, in einer geschmackvoll eingerichteten Wohnung, an einem liebevoll gedeckten Tisch, bei einem ausgezeichneten Essen. Kurz, das traute Heim, das Hedwig Courths-Mahler in ihren Romanen beschrieb, die sie als Backfisch verschlungen hatte. Wie stolz sie war, wenn sie ihre vier Männer mit ihrer gehobenen Küche verwöhnen konnte. Und Franz sie lobte: „Engele, das war die beste Rinderzunge, die ich je gegessen habe!"

Junges Glück:
Verlobungsfoto von Aenne
und Franz, Ostern 1930.

Mutti liest vor. Die Söhne Frieder, Hubert und Franz hören aufmerksam zu.

1950, Frauenpower: Aenne Burda mit der Moderedakteurin und „rechten Hand" Irene Baer.

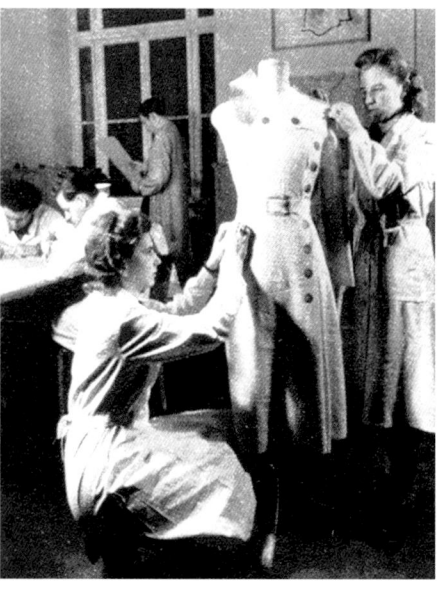

Das Kleid sitzt. Die Schneiderinnen im Nähatelier prüfen die letzten Nähte.

Sonntagskaffee im heimischen Garten: Die Eltern Aenne und Franz Burda mit ihren Söhnen Hubert und Franz.

Die kluge Hausfrau – die Suppe entstand als clevere „Resteverwertung" der Pfannkuchen des Vortages.

Flädlesuppe

Pfannkuchensuppe

Fleischbrühe herstellen

Zuerst das Fleisch und die Knochen unter fließend kaltem Wasser 2-3 Minuten kalt abspülen. Nun die Markknochen mit 5 l Wasser zum Kochen bringen. Den ersten Schaum abnehmen und erst jetzt das Fleisch zufügen. Halbe Zwiebel (ungeschält) in der Pfanne mit der Schnittfläche nach unten (ohne Fettzugabe!) stark anrösten. Andere Hälfte der Zwiebel mit den Gewürznelken und dem Lorbeerblatt spicken. Salz beigeben.

Bei milder Hitze ohne Deckel ca. 2½ Stunden siedend garen. Den Eiweißschaum regelmäßig mit dem Schaumlöffel abschöpfen. Das Suppengrün, die Karotte und die Petersilienwurzel waschen und putzen. Alles in grobe Stücke schneiden und erst ca. 30 Minuten vor Ende der Garzeit in die Brühe geben. Danach die Fleischbrühe durch ein feines Passiersieb geben. Aus fünf Litern Wasser erhält man ca. 1,5-2 l Fleischbrühe. Das gekochte Fleisch und das Gemüse kann anderweitig verwendet werden. Die passierte Suppenbrühe vor dem Servieren nochmals aufkochen.

Hinweis: Nach dem Essen restliche Brühe in große, verschließbare Behälter füllen und einfrieren. Sie kann so jederzeit portionsweise für eine Suppe oder für Saucen wieder aufgetaut werden.

Flädle

Mit einem Rührgerät oder Schneebesen Milch und Eier vermengen. Nach und nach das Mehl hinzufügen sowie das Salz, damit eine dünnflüssige Teigmasse entsteht. Das Ganze 30 Minuten quellen lassen und von Zeit zu Zeit durchrühren.

In eine beschichtete Pfanne etwas Butterschmalz geben, heiß werden lassen und mit einer Schöpfkelle den Teig portionsweise eingießen, bis der Boden vollständig bedeckt ist. Den Pfannkuchen auf beiden Seiten goldbraun backen. Vor dem Eingießen des nächsten Teiges wieder etwas Butterschmalz in die Pfanne geben usw. Die aufgeschichteten Pfannkuchen abkühlen lassen und in feine Streifen schneiden.

In die vorgewärmten Suppenteller die geschnittenen Flädle legen und mit der heißen Fleischbrühe übergießen. Etwas warten, bis die Streifen quellen und heiß geworden sind. Dann den frisch geschnittenen Schnittlauch dazugeben und sofort servieren.

Hinweis: Vorzugsweise werden die Pfannkuchen bereits am Vortag zubereitet und im Kühlschrank aufbewahrt.

Zutaten
für 4 Personen

Flädle
200 g Weizenmehl
3 Bio-Eier
1/2 l Milch
Salz (Messerspitze)
Butterschmalz zum Ausbacken

Fleischbrühe
750 g Rindfleisch zum Kochen (z.B. Brust, Beinfleisch, Querrippe)
500 g Markknochen
5 l Wasser
1 große Zwiebel
1 Lorbeerblatt
2 Gewürznelken
Salz
Pfeffer
1 Bund Suppengrün
1 Karotte
1 Petersilienwurzel
1/2 Bund Schnittlauch

Ein wahrer Kraftspender nach einer arbeitsreichen Woche oder selbst an Feiertagen sehr beliebt.

Markklößchensuppe

Im Badischen serviert man die Markklößchensuppe an Festtagen. Als „Hochzeitssuppe" wird sie zusätzlich mit Eierstich und Flädle zubereitet.

Das ausgelöste Rindermark für ca. 1 Stunde in kaltem Wasser wässern, dann herausnehmen und abtropfen lassen. Bei schwacher Hitze das Mark erwärmen und danach durch ein Passiersieb in eine Schüssel streichen. Nun die Eigelbe unterrühren. In einer Küchenmaschine das Toastbrot zerkleinern und die frischen Brösel zur Masse geben. Mit Salz, Pfeffer und Muskatnuss würzen. Danach die feingeschnittene Petersilie und das Mehl einarbeiten und kurz in den Kühlschrank stellen.

Einen flachen Topf mit Salzwasser zum Kochen bringen. Aus der gekühlten Masse nun mit zwei Teelöffeln kleine Nocken oder mit den befeuchteten Händen kleine Klößchen formen. Sofort in das gesalzene, kochende Wasser geben. Einmal aufkochen lassen und die Hitze reduzieren.

Je nach Größe die Markklößchen 6-10 Minuten simmern lassen. Mit einer Schaumkelle aus dem Wasser nehmen und mit der Brühe und etwas Schnittlauch servieren.

Hinweis: Die Markklößchen lassen sich sehr gut vorab produzieren.

Zutaten
6 Personen / 24 - 30 Klößchen

80 g Rindermark (ausgelöst)
50 g feine Toastbrotwürfel (ohne Rinde)
3 Eigelb
1 EL Petersilie
2 EL Mehl (gestrichen)
Salz, Pfeffer, Muskat
Außerdem:
1,5 l kräftige Fleischbrühe (siehe Rezept Seite 27)

Variante mit Eierstich

Die Eier mit dem Schneebesen gut aufschlagen. Milch und die Gewürze dazugeben. Das Ganze ebenso gut verquirlen. Die Eiermilch in eine ausgebutterte hitzebeständige Form geben. Wasser in einem Topf kurz zum Kochen bringen. Die Wassermenge sollte ca. 2/3 der Höhe der Form einnehmen. Die Form nun hineinstellen und bei minimaler Hitze die Eiermilch zum Stocken bringen. Das Wasser darf nun nicht mehr kochen. Nach ca. 20 Minuten zum ersten Mal mit der Stäbchenprobe prüfen, wie weit die Masse bereits gestockt ist. Das Ganze wiederholen. Nachdem die Eimasse komplett gestockt ist, aus dem Wasserbad nehmen und die Form auf einen Teller stürzen. Den Eierstich nun abkühlen lassen und danach ggfs. in den Kühlschrank stellen. Erst vor dem Servieren der Suppe die Masse in Würfel schneiden und nur kurz in die heiße Brühe geben.

Variante mit Grießklößchen

Die Milch mit der Butter in einem Topf aufkochen, mit Salz und Muskatnuss pikant abschmecken. Den Grieß in einem dünnen Strahl unter ständigem Rühren einlaufen und etwa 5 Minuten ausquellen lassen, bis sich der Grieß als fester Brei vom Topfboden löst. Die Masse abkühlen lassen. Dann mit dem Eigelb und dem Ei verrühren. Reichlich Salzwasser sprudelnd aufkochen lassen. Mit 2 Teelöffeln kleine Klößchen von dem Grießteig abstechen, ins Wasser gleiten und bei nicht zu starker Hitze in 10 Minuten garziehen lassen, dabei sollte das Wasser aber nur wenig sieden.

Die Rinderbouillon erhitzen und in vorgewärmte Teller oder Suppentassen füllen. Die Grießklößchen mit einem Schaumlöffel aus dem Wasser nehmen, abtropfen lassen und in die Bouillon geben. Die Suppe dann sofort servieren.

Variation: Die Klößchenmasse kann zusätzlich noch mit 2 Esslöffel frischen gehackten Kräutern vermischt werden.

Zutaten
für 4 Personen

Eierstich
3 Bio-Eier
3 EL Milch
1 Prise Muskatnuss (frisch gerieben)
1/2 TL Salz
etwas schwarzer Pfeffer aus der Mühle
Butter zum Ausbuttern der Form
Außerdem:
1,5 l kräftige Fleischbrühe
(siehe Rezept Seite 27)

Grießklößchen
1/8 l Milch
50 g Butter
Salz
geriebene Muskatnuss
50 g Hartweizengrieß
2 Eigelb
1 Ei
1 l kräftige Fleischbrühe
(siehe Rezept Seite 27)

Königlich speisen – die fertigen Blätterteigpasteten wurden von Aenne Burda bei ihrem Konditor vorbestellt. Im Bild das Original-Geschirr der Verlegerfamilie.

Königinpastete mit Huhn

Ragout fin

Die Hühnerbrust abwaschen. Das Fleisch in den heißen Sud aus Weißwein und Brühe legen. Gewürze dazugeben. Bei niedriger Temperatur ca. 10 Minuten zugedeckt garen lassen.

Die Pilze putzen, in Ecken schneiden und mit Zitrone beträufeln. Butter erhitzen und die Pilze darin dünsten. Das Hühnerfleisch abtropfen lassen und in Würfel schneiden.

Die Hühnerbrühe auf ca. 250 ml einkochen lassen und durch ein Passiersieb geben. Das Hühnerfleisch, die Champignons, die Erbsen und die Karotten hinzufügen. Noch einmal mit der Crème double oder Schmand aufkochen lassen. Die Eigelbe mit etwas Brühe glattrühren und unter das Ragout ziehen. Nur erhitzen, jedoch nicht zum Kochen bringen, um so eine cremige Bindung herzustellen. Das Ganze mit Salz und Pfeffer abschmecken.

Nun die fertigen Blätterteigpasteten bei 100° C Ober- und Unterhitze im Backofen erwärmen. Auf die Teller verteilen und mit dem Ragout befüllen. Mit Kräutern oder etwas frisch geschnittener Kresse garnieren.

Zutaten
für 4 Personen

4 große Blätterteigpasteten (aus der Konditorei)
400 g Hühnerbrust
200 ml Hühnerbrühe
100 ml trockener Weißwein
1 Lorbeerblatt
4 Pfefferkörner
3 Gewürznelken
Salz
120 g Champignons
Saft einer 1/4 Zitrone
10 g Butter
100 g Erbsen (gefroren)
100 g Karotte (fein gewürfelt)
4 EL Crème double oder Schmand
2 Eigelb
frische Kresse oder Kräuter
Petersilie

Gault&Millau
Riesling „An der Kapelle"
Weingut Andreas Laible, Baden

Diese Köstlichkeit aus buttrigem Blätterteig und sahnigem Ragout braucht einen strammen Gegenspieler, der mit feinem Süße-Säure-Spiel ebenso köstlich zu begleiten weiß.

Gefüllte Kalbsbrust

mit gefüllten Fenchelstängeln & Herzoginkartoffeln

In die Kalbsbrust schon vom Fleischer eine tiefe Tasche einschneiden lassen. Die Kalbsbrust abspülen, trockentupfen und innen kräftig mit Salz und Pfeffer einreiben.

Brötchen entrinden und in kleine Würfel schneiden. Milch und Sahne erhitzen und darübergeben. Alles etwa 5 Minuten durchziehen lassen, dann mit den Eiern, dem Kalbsbratwurstbrät, den Kräutern und den zuvor schon geschälten, feingehackten Schalotten vermischen. Pikant mit Salz, Pfeffer und Muskatnuss abschmecken. Die Füllung in die Kalbsbrust geben, mit Küchengarn vernähen oder mit Rouladennadeln fixieren. Mit Salz und Pfeffer einreiben. Zwiebel schälen und vierteln, Möhre schaben und grob hacken.

Butterschmalz in einem Bräter erhitzen. Die Kalbsbrust rundherum anbraten. Zwiebel und Möhre zufügen, die Kalbsbrust mit 1/8 l heißem Wasser umgießen, zugedeckt 10 Minuten schmoren lassen. Dann offen in den auf 200° C Ober- und Unterhitze (Umluft 180° C) vorgeheizten Backofen geben und 90 Minuten schmoren. Dabei nach und nach die Brühe zufügen und die Kalbsbrust hin und wieder mit Bratfond übergießen.

Anschließend die Kalbsbrust aus dem Bräter nehmen, sofort gut in Alufolie wickeln und in dem ausgeschalteten Backofen warm halten.

Den Bratfond mit dem Wein aufkochen, durch ein Sieb gießen und bei starker Hitze leicht einkochen lassen. Den Fond eventuell etwas entfetten, nach Belieben mit angerührter Stärke sämig binden, abschmecken und als Sauce zu der Kalbsbrust reichen.

Die Kalbsbrust aus der Folie nehmen, das Garn entfernen und das Fleisch vorsichtig, damit die Füllung nicht herausgedrückt wird, in etwa 2 cm dicke Scheiben schneiden. Auf einer Platte anrichten. Dazu Kartoffelkroketten und eine gemischte Gemüseplatte mit jungen Karotten, Perlerbsen, Blumenkohlröschen, Prinzessbohnen und gedünsteten Champignons servieren.

Hinweis: Wenn die gleiche Menge Kalbsbrust nur für 4 Personen bereitet wird, kann man die Reste später sehr gut kalt aufschneiden und mit Kartoffelsalat und verschiedenen frischen Salaten essen

Gefüllte Fenchelstängel mit Gemüsepüree

Harte Außenblätter der Fenchelknollen entfernen. Die beiden nächsten Blätter vom Knollenansatz ablösen und den harten Stiel bis auf etwa 3 cm abschneiden. Die Knollen dann putzen, dabei das Fenchelgrün aufbewahren. Den Fenchel grob würfeln. ▶

Zutaten
für 6 Personen

Kalbsbrust
1 kg entbeinte Kalbsbrust
Salz
weißer Pfeffer aus der Mühle
2 altbackene Brötchen
8 EL heiße Milch
4 EL süße Sahne
2 kleine Eier
125 g grobes Kalbsbratwurstbrät
1 EL gehackte Petersilie
1 EL gehackter Kerbel
1 EL Schnittlauchröllchen
2 Schalotten
geriebene Muskatnuss
1 Zwiebel
1 Möhre
40 g Butterschmalz
1/4 l selbstgekochte
Kalbs- oder Hühnerbrühe
1/8 l trockener Weißwein
etwas Speisestärke
Außerdem: Küchengarn
oder Rouladennadeln

Gefüllte Fenchelstängel mit Gemüsepüree
2 große Fenchelknollen
4 Kartoffeln von je ca. 100 g
1 kleine Stange Lauch
1 Petersilienwurzel
250 ml kräftig gewürzte Fleischbrühe
60 g Butter
Salz, weißer Pfeffer aus der Mühle
geriebene Muskatnuss

Gault&Millau
Spätburgunder „Alte Reben"
Weingut Bernhard Huber, Baden
Der „Einstiegswein" der großen Top-Spätburgunder-Phalanx von Winzer Julian Huber passt in seiner Griffigkeit und dezenten Würze bestens zur Kalbsbrust.

Die gefüllten Fenchelstängel eignen sich auch perfekt für ein vegetarisches Hauptgericht.

Die geschälten Kartoffeln ebenfalls würfeln.

Von dem geputzten Lauch nur die hellen Blattteile verwenden und diese in Ringe schneiden.

Die Petersilienwurzel schaben, abspülen und in Scheiben schneiden.

Alles mit der Fleischbrühe zum Kochen bringen und zugedeckt 25 Minuten garen. Nach 5 Minuten die vier Fenchelblätter zufügen und weitere 20 Minuten mitgaren.

Die Fenchelblätter herausnehmen und warm stellen. Das übrige Gemüse abgießen, den Sud auffangen. Gemüse in den Mixer geben und fein pürieren, dabei je nach Bedarf etwas von der Kochflüssigkeit zufügen. Das Püree soll glatt, aber nicht zu weich sein. Mit der Butter vermischen und mit Salz, Pfeffer und Muskatnuss nicht zu pikant abschmecken.

Das Püree in die Fenchelblätter füllen, diese auf einer vorgewärmten Platte anrichten und mit dem Fenchelgrün garnieren.

Herzoginkartoffeln

Die Kartoffeln schälen, waschen und vierteln. In Salzwasser ca. 20 Minuten kochen, bis die Kartoffeln gar sind. Das Wasser abgießen und im Topf ausdampfen lassen. Alternativ im Dampf zubereiten. Dann die Kartoffeln durch eine Kartoffelpresse drücken und weiter abkühlen lassen, bis die Masse lauwarm ist.

Backofen auf 180° C Ober- und Unterhitze (Umluft 160° C) vorheizen und ein Backblech mit Butter einfetten. Die zimmertemperierte Butter in Würfelchen in eine Schüssel geben und mit dem Mixer schaumig rühren. Zwei Eigelbe und die Eier nacheinander unterrühren. Danach das Mehl und zum Schluss hinzufügen. Kartoffeln mit einem Löffel gründlich untermengen. Die Masse mit Salz, Pfeffer und Muskat abschmecken.

Die Kartoffelmasse nun in einen Spritzbeutel einfüllen und mit etwas Abstand große, gleichmäßige Tupfer kreisförmig auf das Blech spritzen. Verbliebenes Eigelb mit der Milch vermengen und die Herzoginkartoffeln damit bestreichen. Danach auf der mittleren Backofenschiene ca. 15-20 Minuten goldbraun backen. Die Kartoffelröschen vorsichtig vom Backblech lösen und gleich servieren.

Zutaten
für 4-6 Personen

Herzoginkartoffeln
1 kg mehlig kochende Kartoffeln
Salz
etwas Pfeffer aus der Mühle
1 Prise geriebene Muskatnuss
75 g Butter (Zimmertemperatur)
3 Eigelb
2 Bio-Eier
2 EL Mehl
etwas Muskatnuss (frisch gerieben)
2 EL Milch
Spritzbeutel (große Sterntülle)
Kartoffelpresse

Der naturverbundene Senator Franz Burda kannte die geheimen Plätze dieser exklusiven Pilzsorte in den verschlungenen Armen des Altrheins.

Kalbsmedaillons

in Morchelrahm

Morcheln in lauwarmem Wasser einweichen. Backofen auf 80° C Ober- und Unterhitze (Umluft 70° C) vorheizen. Fleisch würzen und in heißem Butterschmalz ca. 4-5 Minuten in der Pfanne kurz anbraten. Medaillons auf einen vorgewärmten Teller legen und im vorgeheizten Backofen auf mittlerer Schiene ca. 35-40 Minuten weitergaren.

Für die Sauce Morcheln und Schalotte in der gleichen Pfanne mit Butter andünsten. Mit Mehl bestäuben und vermengen. Mit Cognac und Rinderbrühe ablöschen, aufkochen. Sahne zugießen, 5-10 Minuten einköcheln, Medaillons hinzugeben und abschmecken. Mit handgeschabten Spätzle (siehe Rezept Seite 64) oder Reis und einem grünen Salat servieren.

Zutaten
für 4 Personen

8 Kalbsmedaillons
(ca. 80 g pro Stück)
Butterschmalz
Salz
Pfeffer
40 g getrocknete Morcheln
1 Schalotte
(sehr fein geschnitten)
100 ml Rinderbrühe
1-2 EL Cognac
3 EL Mehl
200 ml Sahne
Butter (nach Belieben)

Gault&Millau
Pinot Noir „Weiler Schlipf"
Weingut Claus Schneider, Baden
Hoch elegant und dennoch kraftvoll ist dieser Spätburgunder vom Kalkfelsen, dem Schlipf hoch über dem Rhein.

Das zarte Fleisch der Rinderzunge ist fettarm und mit der reduzierten Madeira-Sauce ein Gedicht.

Rinderzunge

in Madeirasauce

Rinderzunge unter fließendem Wasser gründlich waschen. Wasser mit Salz aufkochen, Pfefferkörner mit Lorbeerblatt und eine mit Nelken gespickte Zwiebel und die Zunge hineingeben. Das Wasser wieder zum Kochen bringen.

In der Zwischenzeit die Möhre und die Sellerieknolle schälen und in dicke Scheiben schneiden. Thymian und Petersilie waschen. In das Kochwasser geben und die Zunge zugedeckt in 60 Minuten bei milder Hitze garen. Die Zunge mit einem Schaumlöffel herausnehmen, unter kaltem Wasser abschrecken und häuten. Auch Röhren und Fettteile entfernen. Anschließend die fertige Zunge in Alufolie gewickelt beiseitestellen. Brühe durchsieben und 3/8 l davon abmessen.

Die Butter erhitzen, das Mehl hineinschütten und unter Rühren hellbraun anschwitzen. Mit der Brühe ablöschen und bei nicht zu starker Hitze etwa 12 Minuten leise köcheln lassen. In der Zwischenzeit die Zunge in etwa 1 cm dicke Scheiben schneiden.

Die Sauce mit dem Madeira mischen, mit Zucker, Salz und Pfeffer würzen. Zungenscheiben darin erhitzen, die Sauce jedoch nicht mehr aufkochen lassen. Zungenscheiben in einer tiefen Platte anrichten und mit der Sauce überzogen servieren.

Dazu Bandnudeln und Gemüse servieren.

Tipp: Achten Sie bei der Mehlschwitze darauf, dass das Mehl nicht zu dunkel wird, weil es dann einen bitteren Geschmack bekommt und die Sauce verdirbt.

Variationen: Aus den vorgekochten Zungen kann man auch gebackene Rinderzungen oder gebratene Rinderzungen bereiten. Gebackene Zungen werden der Länge nach ein- bis zweimal durchgeschnitten, in Eiweiß und Semmelbrösel gewendet und in reichlich Butterschmalz goldbraun ausgebacken. Gebratene Rinderzungen werden in etwa 1 cm dicke Scheiben geschnitten, mit Mehl, verquirltem Ei und Semmelbröseln garniert und in Öl gebraten. Zu beiden Variationen schmecken Zartgemüse und Pommes frites oder Kroketten.

Zutaten
für 4 Personen

1 Rinderzunge gepökelt (etwa 1,2 kg)
1,5 l Wasser
1 EL Salz
1/2 TL schwarze Pfefferkörner
1 Zwiebel
1 Lorbeerblatt
4 Gewürznelken
1 Möhre
1 Stück Sellerieknolle
4 Stängel Thymian
1/2 Bund Petersilie
30 g Butter
20 g Mehl
1/8 l Madeira
1 TL Zucker
schwarzer Pfeffer aus der Mühle

Gault&Millau
Spätburgunder „Roter Porphyr"
Weingut Johannes Kopp, Baden
Was Kopp im Baden-Badener Rebland aus dieser Rebsorte mit immer eleganten wie stoffigen Qualitäten gelingt, sucht seinesgleichen.

Apfelküchle
mit Vanillesauce

Äpfel schälen. Das Kerngehäuse mit einem Ausstecher ausstechen. Die Äpfel in 1 cm dicke Scheiben schneiden und diese mit Zitronensaft beträufeln. Milch mit Eier, Salz und Zucker verrühren. Mehl in eine Schüssel geben und mit der Milchmasse glatt rühren.

In einer beschichteten Pfanne Butterschmalz erhitzen. Die Apfelscheiben zuerst in Mehl wenden und nun in den Teig tauchen, so dass der Teig ringsherum haftet. Nacheinander nun die Scheiben bei mittlerer Hitze von beiden Seiten ca. 4 Minuten goldgelb braten. Auf Küchenpapier abtropfen lassen und in Zimtzucker wenden. Auf einem vorgewärmten Teller Vanillesauce als Spiegel verteilen und mit Johannisbeeren und Minze garnieren.

Vanillesauce

In einem Topf die Milch mit der aufgeschnittenen Vanilleschote langsam zum Kochen bringen. Anschließend die Eigelb mit dem Zucker schaumig schlagen, bis sich der Zucker fast ganz aufgelöst hat. Dann in einen Stieltopf füllen. Die Vanilleschote aus der Milch nehmen und die kochende Milch unter ständigem Schlagen mit dem Schneebesen in die Eigelbcreme geben. Auf eine nur mäßig heiße Herdplatte stellen und rühren, bis die Soße dickflüssig wird, jedoch nicht kocht. Kochtemperatur idealerweise 80-85° C.

Zutaten
für 4 Personen

Apfelküchle
2 große Äpfel (z. B. Boskop)
1 Zitrone
150 ml Milch
2 Bio-Eier
1 Prise Salz
2 EL Zucker
100 g Mehl
2 EL Butterschmalz
1 TL Zimtzucker
etwas Mehl zum Wenden
Garnitur nach Saison, z. B. Johannisbeere und frische Minze.

Vanillesauce
1/2 l Milch
1/2 Vanilleschote
4 Eigelb
100 g Zucker
Außerdem:
ein Bratenthermometer

TIPP VON SOPHIE Boskop – der perfekte Apfel für dieses Gericht. Um ein Anbrennen der Vanillesauce auszuschließen, kann man die Sauce auch im Wasserbad aufschlagen.

Tischkultur – ein einfaches Dessert, aber auf dem besten Meissner Porzellan der Familie Burda.

Hungrig nach der Feier: Der Gastgeber gönnt sich Pasta „hinter den Kulissen".

Zu Gast bei Aenne & Franz Burda

Wie sie ihre Freunde und Geschäftspartner mit ihrem badischen Charme verwöhnten

Anerkennung geht durch den Magen

Der Klatsch der Kleinstadtfrauen. Wie Aenne Burda ihn verachtete. Die höheren Töchter, die mit einem goldenen Löffel im Mund geboren wurden und jetzt hinter ihrem Rücken tuschelten. Wie so ein Mann wie der Herr Doktor Burda eine aus einfachen Verhältnissen hatte heiraten können. Da hätte es doch durchaus bessere Partien gegeben …

Für ihre Herkunft konnte sie nichts, aber Aenne fand andere Wege, die feinen Offenburgerinnen auszustechen. Das Kriegsende war ein Neubeginn. Die Lust auf Leben. Lautes Lachen. Wehende Röcke. Gesellschaft, Spaß und Tanz. „Franz, lass' uns deine Freunde und ihre Frauen einladen!"

Es waren Faustballer-Kollegen, Ärzte, Anwälte, Direktoren, Selfmade-Männer wie Senator Franz Burda und sogar der Oberbürgermeister, die der Einladung „Zu Gast bei Aenne & Franz Burda" gerne folgten. Aenne Burda war eine hinreißende Erscheinung, charmant, und sie zauberte Köstlichkeiten in ihrer Küche, wie man sie sonst nur in den eleganten Hotels in Baden-Baden serviert bekam. Der Himmel weiß, wo Franz den Champagner und diesen würzigen Châteauneuf-du-Pape mit dem Bouquet schwarzer Früchte aufgetrieben hatte.

„Noch etwas Waldorfsalat, meine Liebe?" Aenne Burda verteilte großzügige Portionen mit dem Silberlöffel. Wer konnte da schon Nein sagen? Und auch das Roastbeef mundete. Ob sie wohl ihr Rezept für ihren Geflügelsalat verrät? Franz war stolz auf sie und biss ihr heimlich ins Ohrläppchen, als niemand hinsah. Ja, mit so einer Frau konnte man Staat machen!

„Kommt, lasst uns die Möbel beiseiterücken!" Zu Schallplatten-Musik drehten sich die Paare. Die Cocktailkleider raschelten. Alle waren sie ein bisschen beschwipst. „Das war der schönste Abend seit Jahren. Ein Hoch auf die Gastgeberin!"

Ja, das musste man der Frau Burda schon lassen. Sie hatte ein Händchen für so was. So lustig und opulent wurde nur bei Aenne und Franz gefeiert. Dann also bis nächsten Samstag …

Aenne Burda kultivierte diese Einladungen, und im Laufe der Jahre empfingen sie und ihr Mann in der Villa in der Offenburger Schanzstraße viele illustre Gäste. Die Menüs, von der Verlegerin sorgfältig ausgewählt, ließen keine Wünsche offen. Zubereitet wurden sie oft von Ernst Birsner, Versuchsküchenchef im Burda Moden-Verlag. Er kochte für Axel Springer, Max Grundig, Ludwig Erhard, Henry Kissinger und Andy Warhol, der das Verlegerehepaar porträtierte. Als aufregendste Zeit aber empfand Ernst Birsner die Anfänge in den 60er-Jahren. Damals fuhr er jeden Samstag nach Straßburg, um feinste Zutaten zu kaufen, die es in Offenburg noch nicht gab: Spargel im Januar, Gänseleberpastete oder Zicklein.

Gekonnt tranchiert: Aenne teilt das Geflügel auf – für ihren Franz nur das beste Stück.

Feier der Offenburger Hautevolee: Liesel Gamstätter, Isa Morstadt, Franz Burda, Gertrud Schwank, Trudel Heitz, der Schweizer Architekt Walter Nef und Aenne Burda.

Zu Gast in der Burda-Villa in der Schanzstraße:
Wernher von Braun, Direktor Apollo-Programm der NASA, Bildmitte.
Vorne links der junge Hubert Burda.

Alles gut gelaufen:
Nach einem gelungenen Abend Aenne mit ihrer „Perle" Blanca Fey.

Dinner mit dem Südtiroler Bergsteiger und Buchautor Reinhold Messner, Aenne Burda, Senator Dr. Franz Burda, Uschi Demeter (die erste Frau Messners) und Frieder Burda.

Regelmäßiges Geschäftsessen in der Schanzstraße:
Franz Burda (Mitte) mit den Söhnen Hubert, Frieder und Franz (von links).

1973: „Factory"-Gründer & Pop-Art-Künstler Andy Warhol zu Gast in der Schanzstraße.
Neben Andy Warhol im Uhrzeigersinn: Hubert Burda, Thomas Ammann, Fred Hughes,
Aenne Burda, Bruno Bischofberger, Franz Burda und Galeristen-Gattin Yoyo Bischofberger.

Strahlende Schönheit – Aenne Burda:
Das Portrait des Pop-Art-Künstlers Andy Warhol.

Eines von sechs geschaffenen „Senator-Portraits" von Andy Warhol.

Das von Andy Warhol signierte Polaroid: die Vorlage für das Portrait von Aenne Burda.

Im Garten der Schanzstraße: Der Künstler fertigt Polaroids von der Familie als Vorlage für seine Portraits.

Auch Weinbergschnecken waren ursprünglich ein Arme-Leute-Gericht, das in Baden und im Elsass auf dem Speisezettel von Winzern und Landwirten stand.

Badische Schneckensuppe
überbacken

Weinbergschnecken in ihrem Sud und dem Kalbsfond weich kochen und erkalten lassen. Dann abtropfen und fein hacken. Nebenher die Champignons putzen und ebenfalls fein hacken. Die geschälte Schalotte auch ganz fein hacken und in 20 g Butter glasig braten. Mit dem Riesling ablöschen. Die Schnecken und die Champignons zufügen und alles bei starker Hitze kräftig durchkochen.

In der Zwischenzeit das Mehl mit der restlichen Butter zu einer geschmeidigen Masse verkneten. Crème fraîche und Fleischbrühe zu den Schnecken geben und aufkochen. Die Mehlbutter zwischen den Fingern einer Hand zerreiben und langsam unter ständigem Rühren in die Brühe geben. Alles nochmals kochen lassen, bis die Suppe gebunden ist.

Die geschälten Knoblauchzehen sehr fein hacken oder durch die Presse drücken. Die Suppe mit 1 Eigelb legieren, mit Knoblauch, Salz, Pfeffer und Anis abschmecken. Gut die Hälfte der Petersilie, den Schnittlauch und nach Belieben Schneckensud an die Suppe geben.

Die Sahne steif schlagen und mit dem zweiten Eigelb vermischen.

Die Suppe in 4 Suppentassen füllen und die steif geschlagene Sahne darauf verteilen. Mit der restlichen gehackten Petersilie bestreuen und die Suppe im vorgeheizten Backofen mit Grillfunktion (höchste Stufe) überbacken, bis die Oberfläche leicht zu bräunen beginnt. Die Schneckensuppe rasch servieren.

Zutaten
für 4 Personen

12-15 Weinbergschnecken aus der Dose
125 ml kräftiger Kalbsfond
200 g kleine, frische Champignons
1 Schalotte
40 g Butter
gut 1/8 l trockener Riesling
1 gestrichener EL Mehl
1 kleiner Becher Crème fraîche (100 g)
3/4 l kräftige, selbstgekochte Fleischbrühe
1-2 Knoblauchzehen
2 Eigelb
Salz
weißer Pfeffer aus der Mühle
1 Prise gemahlener Anis
je 2 EL gehackte Petersilie und Schnittlauchröllchen
100 ml süße Sahne

Lachs

mit Spinatsalat

Zutaten
für 4 Personen

4 Tranchen ganz frischer Lachs von je 150 g
1 EL Öl
Salz
schwarzer Pfeffer aus der Mühle
15 g Butter
250 g junge, kleine Spinatblätter
½ TL englisches Senfpulver
2 EL Sherry-Essig
5 EL Walnussöl
2 große, kräftige rote Tomaten
frischer Dill zum Garnieren

Lachsscheiben nebeneinander auf ein leicht geöltes Backblech legen. Mit Salz und reichlich Pfeffer bestreuen. Die Butter in einem kleinen Pfännchen erwärmen und den Fisch damit bepinseln. Die Lachsscheiben auf dem Blech in den Kühlschrank stellen.

Spinatblätter verlesen, gründlich waschen, abtropfen lassen und harte Stielteile entfernen. Die Blätter bis zur Weiterverwendung auf Haushaltspapier ausbreiten.

Das Senfpulver mit dem Sherry-Essig verrühren. Etwas Salz und Pfeffer zufügen und so lange rühren, bis sich das Salz ganz aufgelöst hat. Dann tropfenweise das Öl zufügen.

Tomaten mit kochendem Wasser überbrühen, häuten, vierteln, entkernen und von den grünen Stängelansätzen befreien. Das Fruchtfleisch fein würfeln. Den Dill abspülen, trockentupfen und die Spitzen abzupfen.

Backofen (Grifffunktion höchste Stufe oder 230° C Heißluft) vorheizen. Den Lachs direkt aus dem Kühlschrank unter den Grill schieben und so lange garen, bis er zu bräunen beginnt, aber noch halb roh ist.

In der Zwischenzeit den Spinat auf den Tellern anrichten, mit der Senfsauce beträufeln und mit Tomatenwürfeln und Dillspitzen bestreuen. Den warmen Lachs neben dem Spinatsalat anrichten und rasch servieren.

Gault&Millau
Sulzfelder Weißburgunder, trocken
Weingut Burg Ravensburg, Baden

Nirgendwo in Deutschland ist der Weißburgunder so gut vertreten wie im hügeligen Kraichgau, er muss sich also in diesem kühleren Teil Badens wohl fühlen, was er durch viel appetitanregende Frische auch dokumentiert.

Wildlachs, wie er bei den Abendeinladungen des Verleger-Ehepaares serviert wurde.

Leicht und frisch – diese Salate durften bei keinem festlichen Büfett fehlen.

Salate

Salate auf kalten Büfetts sind bei allen Gästen immer sehr beliebt, weil man ruhig etwas mehr nehmen kann, ohne gleich satt zu sein. Wichtig ist aber, dass nur solche Grundzutaten gewählt werden, die nicht zusammenfallen und auch nach längerem Stehen noch ihr frisches, appetitliches Aussehen haben.

Amerikanischer Gurkensalat

Reichlich Eiswürfel bereithalten. Für die Zubereitung des Gurkensalats folgenden Arbeitsablauf genau einhalten, damit die Gurken auch bei längerem Stehen knackig bleiben.

Die Gurken nacheinander schälen und dünn hobeln. Eine große Schale mit Eiswürfel auslegen, darauf die Scheiben der ersten Gurke geben und rasch mit Eiswürfel bedecken. Die zweite Gurke ebenso vorbereiten, in die Schüssel geben und mit Eiswürfeln belegen. Dann alles 10 Minuten stehen lassen. Danach die Gurkenscheiben aus dem Eisbett nehmen, abtropfen lassen und in einem Küchentuch vorsichtig ausdrücken. Bis zur Zubereitung mit Folie bedeckt in den Kühlschrank stellen.

Die Sauce erst kurz vor dem Servieren zubereiten. Dazu den Dill abspülen und trockentupfen, die Eier pellen, die Schalotten schälen und alles ganz fein schneiden. Zitronensaft, Senf, saure Sahne und die Mayonnaise vermischen, bis eine glatte Sauce entstanden ist. Mit Salz, Pfeffer und Zucker abschmecken. Eier, Dill und Schalotten in die Sauce geben und diese gründlich mit den Gurkenscheiben vermischen. Gurkensalat in eine Servierschale füllen.

Waldorfsalat (nach Art des Hauses)

Sellerieknollen waschen, schälen und in dünne Scheiben schneiden. Diese in Stifte schneiden und rasch mit Zitronensaft vermischen, damit sie sich nicht braun färben.

Die Äpfel schälen, vierteln, entkernen und ebenfalls in feine Stifte schneiden oder grob raffeln. Sofort unter den Sellerie heben. Walnusskerne nur grob hacken. Die Ananas von Blattkrone und Stängelansatz befreien, großzügig schälen und die „Augen" mit einem spitzen Messer ausschneiden. Die Frucht längs halbieren und den harten Innenkern herausschneiden. Ananas in nicht zu dünne Scheiben schneiden. Einen Teil würfeln und unter die übrigen Salatzutaten mischen. Die restlichen Scheiben am Schlüsselrand dekorieren.

Die Sahne steif schlagen, mit der Mayonnaise verrühren, mit Salz und Cayennepfeffer abschmecken. Unter den Salat ziehen. Eine Glasschüssel mit den Ananasscheiben auskleiden, den Waldorfsalat hineinfüllen und mit den restlichen Walnusskernen garnieren.

Hinweis: Eine reife Ananas erkennen Sie daran, dass sich die inneren Kronenblättchen leicht aus der Frucht ziehen lassen.

Zutaten
für 4-6 Personen

Amerikanischer Gurkensalat
2 Salatgurken
1 Bund Dill
2 hartgekochte Eier
2-3 Schalotten
Saft von 1 Zitrone
1 TL Dijon-Senf
150 g saure Sahne
100 g Delikatess-Mayonnaise
1 Prise Salz
weißer Pfeffer aus der Mühle
etwas Zucker

Waldorfsalat
1 Sellerieknolle von ca. 400 g
Saft von 2 Zitronen
2 säuerliche Äpfel (Boskop, Jonathan)
100 g Walnusskerne
1/2 frische Ananas
80 ml Sahne
100 g Delikatess-mayonnaise
Salz
Cayennepfeffer

Salat

Karottensalat

Karotten schälen und in hauchdünne Stifte schneiden (oder raspeln). Honig und Zitronensaft verrühren und zu den Karottenstiften geben. Vinaigrette aus Wasser, Salz und Essig herstellen und über die Karotten gießen. Jetzt das Öl zugeben, vermengen und mind. 30 Minuten ziehen lassen.

Zutaten
für 4-6 Personen

400 g Karotten
Saft von einer Zitrone
1 TL Honig oder etwas Zucker
100 ml Wasser
Salz
1 EL Sonnenblumen- oder Traubenkernöl
1 EL Weißweinessig

Dressings
für Blattsalate

In der badischen Küche gehört der Blattsalat in den Landgasthäusern als Beilage oder als kleine Vorspeise auf jede Speisekarte. Hier zwei fast vergessene, traditionelle Dressings für grüne Salate, wie: Kopfsalat, Feldsalat, Endivien, Eisbergsalat oder Frisée.

Kartoffeldressing

Gekochte Kartoffeln mit einer Gabel zerdrücken und in einen Rührbecher geben. Alle anderen Zutaten und 3/4 der Brühe zugeben. Alles mit dem Pürierstab sämig rühren. Ist das Dressing zu dickflüssig noch etwas Brühe zugeben. Abschmecken und vorsichtig mit den Händen unter die Salate heben.

Weißes Dressing (mit rohem Ei)

Zuerst das rohe Ei mit dem Essig in den Mixer geben. Die Zwiebel und ggfs. den Knoblauch in kleine Würfel schneiden und allen weiteren Zutaten hinzufügen und pürieren. Abschmecken und an den Salat geben.

Zutaten
für 4 Personen

Kartoffeldressing
100 g Kartoffeln frisch gekocht oder vom Vortag
200 ml Fleisch- oder Gemüsebrühe
2 EL Öl
4-5 EL Weißweinessig oder Zitronensaft (frisch gepresst)
2 TL Zucker
1 TL Senf mittelscharf
Salz
schwarzer Pfeffer frisch gemahlen

Weißes Dressing
1 frisches rohes Bio-Ei
125 ml Weißweinessig
250 ml neutrales Sonnenblumen- oder Traubenkernöl
1 EL Senf (mittelscharf)
4 EL Fleischbrühe
1/2 Zwiebel
Salz
Pfeffer aus der Mühle
Wahlweise: 1 kleine Knoblauchzehe und/oder 4 EL Weißwein

Geflügelsalat

Hähnchenbrustfilets häuten und in 15 mm kleine Würfel schneiden. Ananas sehr fein würfeln. Die Spargel abtropfen lassen, einige Spargelköpfe zum Garnieren beiseitelegen. Die restlichen Spargelstangen in Stücke schneiden. Die Kapern abtropfen lassen, die Pfeffergürkchen fein hacken. Alles in eine Schüssel geben. Delikatessmayonnaise mit Crème fraîche, Sahne und Cognac verrühren, mit Salz, Zucker und Cayennepfeffer abschmecken und vorsichtig, aber gründlich unter den Salat heben.

Eichblattsalat zerpflücken, waschen, abtropfen lassen und die Blätter auf vier Serviertellern mit den Blattspitzen nach außen anrichten. Darauf bergartig den Geflügelsalat geben und mit den Spargelspitzen garnieren.

Dazu frisch geröstetes Toastbrot und einen trockenen Weißwein oder Sherry (Fino) servieren. Sollte der Salat pikanter sein, wird er mit Chiliflocken aus der Mühle serviert.

Variationen:

Für **Geflügel-Champignon-Salat** werden die Hähnchenbrustfilets ebenso vorbereitet. Dann gibt man noch 100 g frische, geputzte und in Scheiben geschnittene Champignons und 150 g Spargelspitzen dazu. 4 Esslöffel Sherry oder Himbeeressig werden mit etwas Salz, 1 Prise Zucker und frisch gemahlenem weißen Pfeffer verrührt, tropfenweise werden 8 Esslöffel Walnussöl untergerührt. Den Salat mit der Sauce vermischen. Eventuell noch einige Blättchen Basilikum darüberstreuen.

Für **Geflügelsalat „Hawaii"** gibt man zu den Hähnchenwürfeln und Ananasstücken noch 125 g frische oder aufgetaute TK-Scampi und 120 g Mandarinorangen aus der Dose. Die Sauce wird aus Mayonnaise, süßer Sahne, etwas Zitronensaft und 1 Teelöffel Tomatenketchup bereitet und mit Salz und Cayennepfeffer gewürzt. Der fertige Geflügelsalat wird mit Pistazienkernen bestreut und mit einigen Orangenscheiben garniert.

Zutaten
für 4 Personen

3 gekochte oder gegrillte Hähnchenbrustfilets von je ca. 150 g
4 Scheiben Ananas aus der Dose oder 200 g frische, geschälte Ananas
200 g Spargel aus dem Glas
1 TL kleine Kapern (Nonpareilles)
6 Cornichons
100 g Delikatessmayonnaise
2 EL Crème fraîche
2 EL süße Sahne
1 EL Cognac
Salz
1 Prise Zucker
Cayennepfeffer
1 kleiner Kopf Eichblattsalat

Sauvignon „SW"
Weingut Martin Waßmer, Baden
Die fruchtige Komponente in dieser Vorspeise umspielt dieser kräftige und gelbfruchtige Sauvignon.

Als Starter ins Dinnermenü damals ein absoluter Klassiker.

Qualität und Herkunft – der direkte Kontakt zu den Landwirten und Fleischern war für Franz Burda immer selbstverständlich!

Roastbeef

Cold Sirloin of Beef

Roastbeef an der Fettseite mit nicht zu tiefen Schnitten im Abstand von etwa 1 cm quer einritzen. Die Schalotten schälen und fein hacken. Rosmarin abspülen, trocken tupfen und die Nadeln von den Stielen ablösen.

Schalotten, Rosmarin und Kräuter der Provence mit 6 EL Öl vermischen und gut in das Fleisch einmassieren. Die Fettseite des Roastbeefs mit reichlich Salz einreiben. Das Fleisch in die Fettpfanne des Backofens setzen, mit Frischhaltefolie bedecken und in einen kühlen Raum oder Kühlschrank stellen. 48 Stunden durchziehen lassen. Dabei nach 12 und nach 24 Stunden mit je 1 EL Öl bestreichen.

Den Backofen auf 240° C bei Ober- und Unterhitze (Umluft 220° C) vorheizen und das Fleisch hineinschieben. Nach 15 Minuten die Hitze auf 180° bis 190° C (Umluft 160-170° C) herunterschalten und das Fleisch noch ca. 90 Minuten braten. Eine Garprobe mit dem Fleischthermometer machen. Es sollte kurz unter 60° C anzeigen, dann ist das Fleisch innen noch ein wenig blutig.

Das Fleisch dann in Alufolie wickeln und darin etwa 20 Minuten außerhalb des Backofens ruhen lassen. Dabei steigt die Temperatur im Fleischinneren noch um etwa 2 bis 3 Grad. Das Fleisch abkühlen lassen. Vom Knochen lösen und in dünne Scheiben schneiden. Auf einer großen Platte anrichten. Dazu Caponata (Rezept Seite 85) und eine Remouladensauce servieren.

Hinweis: Sirloin of Beef sollte man möglichst bei seinem Fleischer vorbestellen, weil diese Art, das Roastbeef zu zerteilen, bei uns nicht allgemein gebräuchlich ist.

Remouladensauce

In einer Schüssel die Eigelbe mit dem Senf verrühren. Das Öl mit einem Stabmixer in einem dünnen Strahl dazurühren, bis die Masse eine cremige Konsistenz erhält. Dann salzen und pfeffern und mit Essig würzen. Die Kräuter waschen, abtupfen und mit einem scharfen Messer fein hacken. Schalotte schälen und in kleinste Würfel schneiden. Cornichons, Sardellen und Kapern ebenfalls fein hacken. Alles vermengen und ggfs. noch mal abschmecken und bis zum Servieren kalt stellen.

Zutaten
für 6-8 Personen

Roastbeef
2 kg gut abgehangenes hohes Roastbeef mit Rippenknochen
10 Schalotten
2 Zweige frischer Rosmarin
Kräuter der Provence
6 EL kaltgepresstes Olivenöl
Salz

Remouladensauce
für 4 Personen
2 Eigelbe von hartgekochten Bio-Eiern
2 Bio-Eier
1 TL mittelscharfer Senf
¼ l Öl (neutrales Sonnenblumen- oder Traubenkernöl)
4 EL Weißweinessig
1 Bund gemischte Kräuter (Schnittlauch, Petersilie, Kerbel)
Salz
Pfeffer aus der Mühle
1-2 Schalotten (je nach Größe)
1 EL Kapern
3-4 Cornichons
2 Sardellenfilets

Gault&Millau
Weißer Burgunder *
Weingut Knab, Baden
Obwohl kalt, braucht dieses Gericht einen kraftvoll harmonischen Begleiter, genau das, was Familie Rinker aus dieser Rebsorte erzeugt.

Gedämpfte Räucherforelle

Kräuter unter fließendem Wasser abspülen und trocken schwenken. Die Schalotten schälen und in Scheiben schneiden.

Kräuter und Schalotten zusammen mit der Limetten- oder Zitronenschale in einen Fischtopf mit Siebeinsatz geben. Brühe und Weißwein angießen, mit Pfeffer und Piment würzen, rasch aufkochen lassen. Die Forellen mit der Bauchseite nach unten nebeneinander in den Siebeinsatz stellen. Sie dürfen nicht mit der Flüssigkeit in Berührung kommen, sondern sollten mindestens 2 cm darüberstehen. Den Topf gut schließen und die Forellen bei nicht zu starker Hitze 10 Minuten dämpfen lassen. Dann auf einer Platte warm stellen.

Den Sud durch ein Sieb gießen, mit der Sahne vermischen und alles noch etwa 5 Minuten einkochen lassen.

In der Zwischenzeit den Dill abspülen und trocken tupfen. Einige Zweige zum Garnieren abzupfen, den Rest fein schneiden und in den Sud geben.

Die Forellen mit Dill garnieren, den Sud als Sauce getrennt dazu reichen. Dazu reichlich grünen Salat und frisches Stangenweißbrot servieren.

Zutaten
für 4 Personen

4 geräucherte Forellen von je ca. 250 g
2 Bund gemischte Kräuter der Saison
4 Schalotten
abgeriebene Schale einer unbehandelten Limette oder einer kleinen Zitrone
1/8 l Fisch- oder Fleischbrühe
1/8 l trockener Weißwein
weißer Pfeffer aus der Mühle
1 Prise gemahlener Piment
10 cl süße Sahne
4 Stängel Dill

Gault&Millau
„Klingelberger 1782"
Weingut Markgraf von Baden, Baden
Große Riesling-Tradition am Durbacher Schloßberg, der dieser Rebsorte mit dem Gewann Klingelberg den Zweitnamen gab.

Es muss nicht immer Lachs sein. Eine frisch geräucherte Schwarzwald-Forelle ist eine regionale Köstlichkeit. Zu sehen, die kupferne Fisch-Reine mit Einsatz zum Dämpfen aus der Burda-Villa.

Ein begehrtes Rezept bei den Freunden des Hauses – ideal für größere Einladungen, denn auch das Auge isst ja bekanntlich mit.

Pikante Käsetorte

Von dem Weichkäse mit einem Zackenmesser die Oberfläche vorsichtig abkratzen. Den Käse dann mit einem großen, scharfen Messer, am besten ein Lachsmesser, benutzen, längs in 3 gleich dicke Scheiben schneiden. Bodenscheibe mit einem Tortenring fixieren.

Für die erste Füllung die Kräuter abspülen, trocken tupfen, fein hacken und mischen. 4 EL voll abnehmen und in einem Schälchen mit Folie bedeckt in den Kühlschrank stellen.

Crème fraîche und den Doppelrahmfrischkäse im Mixer zu einer glatten Masse verrühren, die restlichen Kräuter und die Pistazien zufügen. Die Mischung auf den ersten Weichkäseboden streichen und vorsichtig den zweiten darauflegen. Den Käse locker mit Klarsichtfolie bedecken und in den Kühlschrank stellen.

Für die zweite Füllung den Emmentaler Käse, den Sbrinz oder Greyerzer frisch reiben. Mit der weichen Butter und den Walnusskernen gründlich verkneten, mit Cognac oder Kirschwasser und etwas Cayennepfeffer abschmecken. Dann mit einem dünnen, breiten Messer oder einer Palette vorsichtig auf den zweiten Käseboden streichen. Den dritten Boden darauflegen und die Torte mit Klarsichtfolie bedeckt für mindestens 6 Stunden, besser noch über Nacht, in den Kühlschrank stellen.

Etwa 30 Minuten vor dem Servieren die Käsetorte herausnehmen und garnieren. Dazu zuerst den Ring entfernen, dann auf der Tortenoberfläche 8 Stücke markieren und 4 Schablonen in der Größe eines Stücks zuschneiden. 4 Stücke damit abdecken und die vier anderen Stücke mit den zurückbehaltenen Kräutern bestreuen. Die Schablonen entfernen und die freien Räume dünn mit Paprika edelsüß bestäuben.

Zu der Käsetorte Walnussbrot oder leicht geröstete Scheiben frisches Baguette reichen.

Hinweis: Klassischerweise folgt die Käsetorte bei einem Menü nach dem Hauptgang und vor dem Dessert. Man kann diese Käsetorte übrigens auch noch anders garnieren. Zum Beispiel einen Kreis zuschneiden, der im Durchmesser 6 cm kleiner als die Torte ist. Den Kreis dann auf die Torte legen und den freien Rand mit fein gehackten Walnüssen, Haselnüssen oder Mandeln bestreuen. Den Kreis abheben und die freie Fläche mit den gehackten Kräutern bestreuen. Oder man bestreut den äußeren Rand mit gehackten Pistazien und den inneren Kreis mit gut abgetropften, dann ganz fein gehackten Senffrüchten (fertig gekauft). Ebenso kann man auch die Doppelrahmfrischkäse-Füllung zusätzlich mit einigen gehackten Senffrüchten verfeinern, das macht sie noch pikanter.

Zutaten
für 8-12 Personen

1 ganzer Weichkäse von 1 kg (ca. 24 cm Durchmesser), z.B. Camembert „Le Rustique", Brie, Geramont), der seinen vollen Reifegrad noch nicht erreicht hat, damit er beim Anschneiden seine Form länger behält.

Für die Füllung und das Topping:
1 Bund Kerbel
1 Bund glatte Petersilie
1/2 Bund Basilikum
1 Becher Crème fraîche (200 g)
100 g Doppelrahmfrischkäse
50 g gehackte Pistazien
125 g Emmentaler Käse
125 g Sbrinz oder Greyerzer Käse (Gruyère)
75 g Butter
100 g gehackte Walnusskerne
3 cl Cognac oder Kirschwasser
etwas Cayennepfeffer

Außerdem: einen Tortenring (verstellbar).

Gault&Millau
Durbacher Kochberg Merlot
Weingut Heinrich Männle, Baden
Heiner, der „Rotwein-Männle" steht für sorgsamen Ausbau über mehrere Jahre im Holzfass, was der Wein mit großer Ruhe und Harmonie dankt.

Rehrücken „Baden-Baden"
mit Pfifferlingen, Birne & Spätzle

Den Rehrücken kurz abspülen, trocken tupfen und vorsichtig häuten (oder schon vom Händler häuten lassen, die Haut aber mitnehmen). Pfefferkörner, Wacholderbeeren und Lorbeerblatt im Mörser zerstoßen, den Rehrücken damit einreiben. In eine längliche Schüssel legen und mit dem Öl beträufeln. 4 Stunden durchziehen lassen.

Die Knochen gründlich abspülen und abtropfen lassen. 1 Zwiebel schälen und grob hacken. Die Möhre schaben und in Scheiben schneiden.

Von dem Rehrücken die Gewürze abschaben. Den Rücken dann ganz leicht salzen und in einen großen, flachen Bräter legen. Mit den Speckscheiben belegen. Die gewaschene, abgetropfte und in Streifen geschnittene Haut, Knochen, Zwiebel und Möhre um den Rücken legen.

Den Rücken in dem auf 250° C Ober- und Unterhitze (Umluft 230° C) vorgeheizten Backofen etwa 40 Minuten braten. Dabei nach und nach etwa die Hälfte der Brühe angießen und immer wieder einkochen lassen. Den Rücken hin und wieder mit Bratfond übergießen. 10 Minuten vor Ende der Bratzeit die Speckscheiben entfernen und den Rehrücken mit 1/8 l Sahne übergießen. 5 Minuten später noch mal etwas Sahne über das Fleisch gießen.

Das Fleisch aus dem Bräter nehmen, in Alufolie einwickeln und vor dem Aufschneiden 10 Minuten in dem abgeschalteten Backofen ruhen lassen.

Den Bratfond mit der restlichen Brühe und dem Rotwein loskochen, durch ein Sieb drücken, mit der restlichen Sahne vermischen und unter Rühren etwa 5 Minuten einkochen lassen. Dann mit Salz und Pfeffer abschmecken. ▶

Johannes Mario Simmel verewigte diesen badischen Klassiker in seinem Buch „Es muss nicht immer Kaviar sein"!

Zutaten
für 6 Personen

Rehrücken

1,5 kg gut abgehangener Rehrücken mit Knochen

1 TL schwarze Pfefferkörner

10 Wacholderbeeren

1 Lorbeerblatt

3 EL Traubenkernöl

250 g Wild- oder Kalbsknochen (klein gehackt)

2 Zwiebeln

1 kleine Möhre

Salz

125 g frischer fetter Speck in hauchdünne Scheiben geschnitten

375 ml kräftige Brühe (am besten aus Wildknochen gekocht)

375 ml süße Sahne

125 ml kräftiger Spätburgunder Rotwein

weißer Pfeffer aus der Mühle

500 g frische Pfifferlinge

50 g Schinkenspeck

1/2 Bund Petersilie

4 Williams-Christ-Birnen

2 EL Zitronensaft

125 g Preiselbeeren

Badische Spätzle

400 g Mehl

3 Bio-Eier

2 Eigelb

Salz

Wasser

Butter zum Schwenken

wahlweise
1 Prise Muskatnuss

Gault&Millau

Spätburgunder „Kirchberg" GG
Weingut Konrad Salwey, Baden

Zum Festtagsgericht der Festtagswein vom Burgunder-Flüsterer Konrad Salwey.

Während der Braten gart, die Pfifferlinge sorgfältig putzen. Den Schinkenspeck fein würfeln und in einem Topf auslassen. Die zweite Zwiebel schälen, ganz fein hacken und in dem Speckfett glasig werden lassen. Die Pfifferlinge zufügen und 3 Minuten dünsten.

Nebenher die Petersilie abspülen, trockentupfen, hacken und zu den Pfifferlingen geben. Die Pfifferlinge mit Salz und Pfeffer abschmecken.

Die Birnen schälen, halbieren, entkernen und in ganz wenig mit Zitronensaft gesäuertem Wasser 5 Minuten dünsten. Abtropfen lassen und warm halten.

Das Rehfleisch von dem Knochen lösen, schräg in etwa 3 cm dicke Scheiben schneiden und wieder auf den Rückenknochen auflegen. Den Rehrücken auf einer Platte anrichten. Mit etwas Sauce überziehen, mit den Pfifferlingen umlegen. Die Birnenhälften als Garnierung auf die Platte setzen und mit Preiselbeeren füllen. Die restliche Sauce getrennt reichen.

Dazu hausgemachte Spätzle und einen kräftigen Spätburgunder Rotwein servieren.

Badische Spätzle (handgeschabt)

Zuerst in einer Schüssel aus Mehl, Salz, Eiern und den Eigelben einen geschmeidigen, aber nicht zu flüssigen Teig zubereiten – eventuell etwas kaltes Wasser zugeben. Anschließend den Teig ca. 30 Minuten mit einem Küchentuch bedeckt ruhen lassen, danach nochmals kräftig mit dem Kochlöffel aufschlagen, bis er „Blasen" wirft.

In einem hohen Topf das leicht gesalzene Wasser zum Kochen bringen. Nun den Teig portionsweise mit einem Löffel auf ein angefeuchtetes Spätzlebrett geben. Den Teig mit einem langen, scharfen Messer (oder Palette) dünn ausstreichen. Das Brett über das kochende Wasser halten und feine Spätzle ins kochende Wasser schaben. Eine große Schüssel mit kaltem Wasser bereitstellen.

Wenn die Spätzle aufsteigen, kurzen Moment warten, mit einem Schaumlöffel herausnehmen und ins kalte Wasser geben. Vor dem Servieren die abgekühlten Spätzle kurz in einer Pfanne in heißer Butter schwenken.

Alternativ: Beim Verwenden einer „Spätzlepresse" sollte der Teig jedoch eine etwas weichere Konsistenz haben.

TIPP VON SOPHIE Den Rehrücken unbedingt beim Metzger Ihres Vertrauens vorbestellen. Er sollte entsprechend „abgehangen" sein.

Gefüllte Rehkeule „Grand Veneur"

Rehkeule waschen, trocken tupfen, dann entsehnen. Die Sehnen in Folie gewickelt in den Kühlschrank legen. Den Speck würfeln, mit dem Pfeffer im Mixer zu einer Paste verarbeiten.

Aus der Keule den Röhrenknochen auslösen. In die dadurch entstandene Höhlung die Speck-Pfeffer-Paste geben. Die Keule zusammendrücken und mit Küchengarn umwickeln.

Möhren, Zwiebeln und Sellerie schälen und nicht zu klein würfeln. In eine Schüssel geben und die Keule darauflegen. Die übrigen Gewürze und die abgespülte, trocken geschwenkte Petersilie zufügen. Rotwein und Cognac angießen und die Keule 24 Stunden marinieren. Dann herausnehmen, abtropfen lassen, trockentupfen und mit Salz und Pfeffer einreiben. Die Marinade durchsieben und beiseitestellen. Die Gemüsewürfel aus dem Sieb nehmen.

In einem flachen Bräter das Öl und 50 g Butter erhitzen und die Keule darin rundherum braun anbraten. Die Sehnen zugeben und die Keule in dem auf 200° C Ober- und Unterhitze (Umluft 180° C) vorgeheizten Backofen in etwa 60 Minuten zu Ende braten. Dabei hin und wieder mit Bratfond begießen. Nach und nach das gewürfelte Gemüse zufügen.

Die Keule aus dem Bräter nehmen, in Alufolie wickeln und in den abgeschalteten Backofen legen.

Den Fond mit der Marinade loskochen, durch ein Sieb in einen Topf geben, mit Weinessig und Crème fraîche vermischen und um etwa 1/3 einkochen lassen. Speisestärke mit Sherry glatt rühren und die Sauce damit binden. Mit Salz und Pfeffer abschmecken.

Nebenher die Äpfel schälen, von Blüten- und Stängelansätzen befreien, quer halbieren und die Kerngehäuse herauslösen. Die Äpfel schnell in Zitronensaft wenden, damit sie hell bleiben.

Die restliche Butter schmelzen. Äpfel auf den Grillrost setzen, mit Butter beträufeln und mit Zucker bestreuen. Unter dem vorgeheizten Grill so lange überbacken, bis der Zucker karamellisiert ist.

Die Rehkeule aufschneiden, auf einer Platte anrichten. Die Äpfel dazugeben und mit dem Preiselbeerkompott füllen. Die Sauce getrennt reichen.

Hinweis: Dazu schmecken glasierte Maronen besonders gut. Außerdem kann man Rosenkohl und Herzoginkartoffeln zu der Rehkeule servieren.

Zutaten
für 6 Personen

1,5 kg Rehkeule mit Knochen
100 g fetter, geräucherter Speck
2 EL grob geschroteter Pfeffer
2 Möhren
2 Zwiebeln
1 kleines Stück Knollensellerie (50 g)
1 TL Rosmarinnadeln
1/2 TL gerebelter Thymian
1 Lorbeerblatt
6 Stängel Petersilie
1/2 l trockener Rotwein
4 cl Cognac
Salz
schwarzer Pfeffer aus der Mühle
3 EL sehr gutes Öl
75 g Butter
4 EL Rotweinessig
1 Becher Crème fraîche (200 g)
1 TL Speisestärke
1 EL trockener Sherry (Fino)
3 Äpfel (z.B. Boskop)
Zitronensaft
3 EL Zucker
6 EL Preiselbeerkompott
Küchengarn und Alufolie

Gefäß und Frucht in einem – diese Melone ist ein kulinarischer Hingucker!

Meloneneis

Zwei Melonen im Kronenschnitt (bzw. Zackenschnitt) quer halbieren, die beiden anderen durchschneiden. Aus allen Fruchthälften die Kerne mit den weichen Fruchtfasern herausschaben. Das feste Fruchtfleisch der Kronenschnitthälften teilweise auslösen und 2 cm Rand stehen lassen. Die anderen Hälften komplett ausschaben. Die Melonenhälften mit dem Zackenrand mit Folie bedecken und in dieser Zeit in den Kühlschrank stellen. Etwa 100 g Fruchtfleisch beiseitestellen, das übrige mit dem Zucker im Mixer pürieren.

In einem Topf mit der zuvor mit etwas Melonensaft glattgerührten Speisestärke und dem Vanillemark vermischen, unter Rühren einmal aufkochen lassen, dann rasch vom Herd nehmen und in einem kalten Wasserbad, das mehrmals erneuert werden sollte, rasch abkühlen lassen.

Das restliche Fruchtfleisch fein würfeln und unter die Melonenmasse heben. Alles mit Zimt und Rosen- oder Jasminwasser parfümieren.

Das Melonenpüree in eine Metallschüssel geben und 3 bis 4 Stunden ins Gefrierfach stellen. Hin und wieder umrühren, damit die Masse cremig wird.

Aus dem Eis mit einem Löffel Portionen abstechen, in die gut gekühlten Melonenhälften füllen, mit gehackten Pistazien (und ggfs. Schokoladenraspeln) bestreuen und rasch servieren.

Zutaten
für 4 Personen

4 Cantaloupe-Melonen
200 g Zucker
50 g Speisestärke
ausgeschabtes Mark einer halben Vanilleschote
1 Prise Zimt
2 EL Rosen- oder Jasminwasser
50 g Pistazien
wahlweise zusätzlich einige Schokoladenraspeln

Orangenflan
mit Zabaione

Blätterteig bei Zimmertemperatur auftauen lassen. Zwei Blätter mit etwas Wasser bestreichen, das dritte darüberlegen. Auf der nur leicht bemehlten Arbeitsplatte dünn ausrollen. Aus dem Teig 4 runde Böden von ca. 10 cm Durchmesser ausstechen und auf einem kalt abgespülten Backblech 10 bis 15 Minuten kalt stellen. Dann in dem auf 220° C Ober- und Unterhitze (Umluft 200° C) vorgeheizten Backofen in 10 bis 12 Minuten goldgelb backen. Auf einem Kuchendraht abkühlen lassen.

Marzipanrohmasse mit Puderzucker und Cognac verkneten und dünn auf die Blätterteigböden streichen. Die Orangen schälen, die Filets mit einem scharfen Messer aus den Trennhäutchen lösen und die Flans damit sternförmig belegen und mit Puderzucker bestäuben. Im Backofen unter dem Grill leicht karamellisieren lassen. Auf Desserttellern anrichten und nach Belieben mit Orangenzesten garnieren, die Zabaione angießen und mit dem Eis servieren.

Zabaione

Eigelb mit Zucker in einer Schüssel (möglichst aus Edelstahl) verrühren und in einem warmen Wasserbad schaumig aufschlagen. Den Sekt zufügen und alles als Sabayon dickcremig aufschlagen. Anschließend im kalten Wasserbad kalt schlagen. Erst zum Schluss den Grand Marnier zufügen.

Zutaten
für 4 Personen

3 Scheiben TK-Blätterteig (ca. 180 g)
Mehl zum Ausrollen
60 g Marzipanrohmasse
20 g Puderzucker
2 EL Cognac
4 große Orangen
4 Kugeln Orangen-Sorbet oder Eis
2 TL Puderzucker
kandierte Orangenzesten nach Belieben

Zabaione
3 Eigelb
60 g Zucker
1/8 l Sekt
1 cl Grand Marnier

Gault&Millau
Moscato della Pantelleria „Ben Rye"
Donnafugata, Italien

Aus der Urrebsorte Muskateller wird hier auf Sizilien ein hinreißender, zum Träumen verführender Süßwein mit an Orangenzesten erinnerndem Aroma gekeltert.

Höhepunkt eines jeden Dinners – für die damalige Zeit ein Dessert auf Sterne-Niveau.

Auszeit auf Sizilien: Der Maler Hans Kuhn fotografiert Aenne Burda als Sizilianerin vor ihrem Haus in Taormina.

Pasta, Party & Amore

Wenn Liebe durch den Magen geht
und das Meer die Sinne verwöhnt

Die schöne Schwarzwälderin in Sizilien

Was tut eine Frau, wenn der Angetraute sie betrügt und ein außereheliches Kind zeugt?

Sie setzt ihm die Pistole auf die Brust, fordert einen eigenen Verlag ein, wird selbstständige Unternehmerin, ist klug, strebsam, bissig, knallhart und verdient ihr eigenes Geld, viel Geld. Sie nennt sich ab sofort statt Anna nun Aenne Burda. Sie reist nach Sizilien, gönnt sich einen Liebhaber und feiert La Dolce Vita.

Aenne Burda war und ist ein „Role Model". Unabhängig. Stark. Selbstbewusst.

In Taormina streifte sie Etikette und Pflichtbewusstsein ab. Hier war sie die „Signora bionda", eine leidenschaftliche und schöne Frau, die ungehemmt Partys mit homosexuellen Freunden feierte – man schrieb die 1950er Jahre! – und die mit ihrem italienischen Lover Boy auf dem Motorroller verschwiegene Zitronenhaine erkundete. Auf dem Markt trug sie bunte Tuniken, kaufte saftige Melonen, frische Seeigel oder pralle Auberginen, um für ihren illustren Kreis eine traditionelle „Pasta alla norma" zuzubereiten. Gaylord Hauser, Erfinder der Hollywood-Diät und Guru für Marlene Dietrich, Greta Garbo, Grace Kelly und Ingrid Bergman, aber auch Elizabeth Taylor und Richard Burton waren bei ihr zu Gast.

Und Aenne Burda verliebte sich in das einfache Leben. Nicht gezwungenermaßen – wie in ihrer Eisenbahnerherkunftsfamilie oder während der zwei Kriege, die sie erlebt hatte –, sondern mit Lust und Neugierde. Sie angelte Forellen an einem Bergbach. Eimerweise und unter dem fröhlichen Gelächter ihrer Gäste. Diese genossen abends Forelle Müllerin mit Bouillonkartoffeln und flüssiger Butter – wie bei Aenne zuhause. Doch auf einmal kam die Schwarzwälderin in ihr durch, sparsam und bodenständig. Aennes Freundin, Ursula Kuhn, Tänzerin aus Berlin, erinnerte sich: „Die Forellenklößchen am nächsten Tag stießen schon auf weniger Begeisterung, aber dann entdeckte sie einen Räucherapparat ..."

„Die Villa Anna":
Seit 1957 Aenne Burdas Feriendomizil auf Sizilien.

Sizilianische Cassata mit kandierten Früchten: Die aufwendig herzustellende Delikatesse durfte bei keiner Party fehlen. Nur traditionelle italienische Eismacher und Konditoren verfügen heute noch über die Originalformen.

Das Leben ist schön: Aenne Burda mit schickem Hut, Sonnenbrille und Sommerkleid und ihren Freunden auf Ischia 1953.

1954 auf Ischia: Aenne Burda liebte das Leben ihrer Künstlerfreunde.

Gute Freundinnen: Ursula Kuhn (links) und Aenne Burda in Sant'Angelo.

Unter Freunden: Aenne Burda mit Giovanni Panarello (links) und Ursula Kuhn auf Sizilien.

Amore: Aenne Burda beim Tanz mit ihrem italienischen Freund Giovanni Panarello.

„Laufsteg der Schönen": Die „Signora bionda" fotografiert ihre homosexuellen Freunde beim Feiern auf Taormina.

La Dolce Vita: Aenne Burda im gecharterten Boot vor Taormina, wo sie mehrere Wochen im Jahr verbringt.

Sonnenbad: Ferien auf der wunderschönen Insel Ischia, 1956.

Bereits auf ihrer Hinreise nach Taormina freute sich Aenne Burda auf ihre erste Minestrone.

Minestrone

Hühnerbrühe oder Rinderbouillon zubereiten. Die Zucchini waschen, von Blüten- und Stängelansatz befreien. Zwiebeln und die unter kaltem Wasser abgebürstete Sellerieknolle schälen.

Die Möhren schälen. Den Lauch putzen und waschen, dann abtropfen lassen. Das Gemüse mundgerecht zerteilen.

Olivenöl in einen Topf geben, die Zwiebeln darin glasig braten, dann das übrige Gemüse zufügen und etwa 5 Minuten dünsten.

In der Zwischenzeit die Tomaten mit kochendem Wasser überbrühen, häuten, vierteln, entkernen und grob schneiden. Mit dem Lorbeerblatt in den Topf geben und alles mit der Brühe auffüllen. Zugedeckt 30 Minuten leise köcheln lassen.

Die Spaghetti in etwa 4 cm lange Stücke brechen und mit den Erbsen 10 Minuten vor Ende der Garzeit in die Suppe geben. Inzwischen Basilikum oder Petersilie waschen, trocken tupfen und fein hacken. Ganz zum Schluss in die Suppe geben. Das Lorbeerblatt entfernen. Die Suppe mit Salz und Pfeffer nachwürzen und in vorgewärmte Teller füllen.

Dazu frisch geriebenen Parmesan reichen, von dem sich jeder nach Belieben nehmen kann.

Variation: Außer dem oben erwähnten Gemüse kann man noch einige Brokkoliröschen in der Suppe mitkochen und außerdem etwa 75 g in ihrem Einweichwasser weich gekochte weiße Bohnenkerne in die Suppe geben.

Zutaten
für 4 Personen

1 l frisch gekochte, klare Hühnerbrühe, Rinderbouillon oder Gemüsebrühe
1 mittelgroße Zucchini
2 kleine Zwiebeln
100 g Sellerieknolle
200 g junge bunte Möhren
1 mittelgroße Stange Lauch (Porree)
2 EL kaltgepresstes Olivenöl
400 g vollreife Tomaten
1 Lorbeerblatt
75 g Spaghetti
150 g frische junge Erbsen (ersatzweise TK-Erbsen)
1/2 Bund Basilikum (ersatzweise glatte Petersilie)
Salz
weißer Pfeffer aus der Mühle
Parmesan, frisch gerieben

Gefüllte Reisbällchen

Italienische Arancini

Zutaten
für 4 oder 8 Personen

500 g Reis
75 g Butter
gut 1/2 l kräftig gewürzte heiße Bouillon
4 Eier
50 g frisch geriebener Parmesankäse
geriebene Muskatnuss
1 kleine Zwiebel
1 TL Butter
250 g Hackfleisch
1 Bund fein geschnittene Petersilie
1 Ei
weißer Pfeffer aus der Mühle
1 Prise Salz
1/2 TL Paprika edelsüß
1 EL Tomatenmark
200 g TK-Erbsen
Semmelbrösel, Öl zum Ausbacken
außerdem: Bratenthermometer

Reis mit Butter unter Rühren bei nicht zu starker Hitze andünsten. Dann etwas Bouillon zugießen und weiterrühren, bis der Reis diese ganz aufgesogen hat. Neue Bouillon zugießen, weiterrühren. So fortfahren, bis der Reis weich und ganz ausgequollen ist.

Rasch 2 Eier und 50 g Parmesan unter den Reis mischen und mit Muskatnuss und Pfeffer abschmecken. Den Reis auf einer Platte etwa 3 cm dick ausstreichen. Mindestens 3 Stunden auskühlen lassen.

Für die Füllung die fein geschnittene Zwiebel in 1 TL Butter andünsten, das Hackfleisch zugeben und krümelig anbraten, leicht abkühlen lassen. Die Petersilie, Ei, je eine Prise Salz und Pfeffer, Paprika edelsüß, Tomatenmark und die blanchierten und abgetropften Erbsen unter die Füllung geben.

Reismasse auf 8 gleiche Portionen teilen. Jede Portion in die Handfläche geben, eine runde Platte formen, darauf knapp 2 EL Füllung geben. Den Reis über der Füllung verschließen und sorgfältig zu Bällchen formen, so dass keine Füllung austritt. Dann zuerst in den restlichen, verquirlten Eiern, dann in Bröseln wenden.

Das Öl auf 175-180° C erhitzen und jeweils 4 Bällchen gleichzeitig darin goldbraun ausbacken. Auf Küchenpapier abfetten lassen und auf einem Gitterrost im Backofen bei Ober- und Unterhitze bei 120° C (Umluft 100° C) warm halten, bis alle Bällchen fertig gebacken sind.

Die Bällchen mit einem gemischten Salat der Saison als Hauptgang oder für 8 Personen als Vorspeise servieren.

Hinweis: In Sizilien sind diese Reisbällchen (Arancini) bei Kindern und Erwachsenen etwa so beliebt wie bei uns die Pommes frites. Überall an den Straßenecken kann man Verkäufer finden, die die Bällchen heiß und frisch anbieten – wobei die Füllungen variieren.

Gault&Millau
Carmignano
Villa di Capezzana, Italien

Unweit von Florenz auf dem Weg nach Pisa gedeiht der elegante Rotwein Carmignano, am allerbesten unter der Ägide von Familie Conte Contini Bonacossi auf Capezzana.

Die krossen Reisbällchen entwickelten sich zum Partyfood-Knüller.

Melanzane alla parmigiana –
Aenne Burda liebte die „Cucina povera"
und das einfache Leben Süditaliens.

Melanzane alla parmigiana
Überbackene Auberginen

Tomaten waschen, grob zerschneiden, dabei die grünen Stängelansätze entfernen. Die Tomaten in einen Topf geben, langsam erhitzen und zum Kochen bringen. Dann das sich dabei gebildete Wasser abgießen.

Nebenher die Auberginen von den Stängelansätzen befreien, gründlich waschen und längs in 5 mm dicke Scheiben schneiden. Eine Platte mit Salz bestreuen, die Auberginenscheiben darauflegen und ebenfalls stark salzen. Etwa 20 Minuten stehen lassen.

Die abgegossenen Tomaten durch ein Sieb streichen.

Zwiebeln und Knoblauchzehen schälen, fein hacken und in etwa 2 Esslöffel Olivenöl glasig braten.

Basilikum und Salbei abspülen und die Blättchen in feine Streifen schneiden oder hacken. Zusammen mit den Tomaten zu der Zwiebel-Knoblauch-Mischung geben. Alles bei mittlerer Hitze unter häufigem Rühren in etwa 40 Minuten zu einer dicken Sauce einkochen lassen. Mit Pfeffer und Zucker würzen.

Mozzarella und die geschälten Eier in Scheiben schneiden.

Die Auberginenscheiben kalt abspülen, auf eine dicke Lage Haushaltspapier legen und trocken tupfen.

In einer großen Pfanne reichlich Olivenöl erhitzen und die Auberginenscheiben darin portionsweise auf beiden Seiten goldbraun braten. Zum Abfetten wieder auf Küchenkrepp legen.

In eine flache feuerfeste Form zuerst eine Lage Auberginenscheiben geben und diese mit etwas Parmesankäse bestreuen. Darauf eine Schicht Tomatensauce, einige Scheiben Mozzarella und Ei. So fortfahren, bis alle Zutaten verbraucht sind. Den Abschluss bilden einige Mozzarellascheiben, die dann aber noch mit der restlichen Tomatensauce überzogen und dick mit Parmesan bestreut werden.

Die Butter in Flöckchen auf dem Parmesan verteilen und den Auflauf in dem auf 200° C Ober- und Unterhitze (Umluft 180° C) vorgeheizten Backofen 30 Minuten überbacken.

Heiß oder lauwarm mit frischem Weißbrot servieren. Das Gericht eignet sich als Zwischengericht, Hauptgang oder Beilage.

Zutaten
für 4-8 Personen

2 kg vollreife Tomaten
1 kg Auberginen
Salz
2 Zwiebeln
2-3 Knoblauchzehen
gut 125 ml kaltgepresstes Olivenöl
8 große Basilikumblätter oder 6 Stängel
2 große Salbeiblätter
weißer Pfeffer aus der Mühle
1 TL Zucker
250 g Mozzarella
4 hartgekochte Bio-Eier
150 g frisch geriebener Parmesankäse
40 g Butter

Gault&Millau
Nebbiolo d'Alba
Agricola Brandini, Italien
Das biologisch arbeitende Weingut Brandini produziert bei La Morra einen der feinsten Nebbiolo von ganz Piemont, aufgrund dieser Finesse ein sanfter Begleiter dieses Gemüsegerichts.

Zurück in der Heimat, gab es diesen italienischen Küchenklassiker für die Freunde und die Familie zuhause.

Saltimbocca romana

Kalbsschnitzel kurz unter kaltem Wasser abspülen, mit Haushaltspapier trocken tupfen.

Die Salbeiblättchen ebenfalls waschen und trocken tupfen. Die Schinkenscheiben halbieren.

Auf jedes Kalbsschnitzel mit einem Holzstäbchen zuerst ein Salbeiblatt, dann eine halbe Schinkenscheibe legen und mit einem Zahnstocher feststecken.

50 g Butter in einer großen Pfanne erhitzen. Die Schnitzel zuerst mit der Schinkenseite anbraten, dann wenden. Auf jeder Seite 2 Minuten braten, herausnehmen und pfeffern.

Den Bratensatz mit Marsala und Wasser loskochen und etwas einkochen lassen. Die restliche Butter neben dem Herd in Flöckchen in die Sauce einschwenken.

Die Schnitzel auf vorgewärmten Tellern anrichten und mit der Sauce umgießen. Dazu schmecken Tomatenspaghetti, an die Seite frisch geriebenen Parmesan stellen.

Hinweis: Der Begriff „Saltimbocca" ist eine Verballhornung von „soltare in bocca", was auf Deutsch nichts anderes bedeutet als „in den Mund springen" – und das tun diese leckeren Fleischhäppchen wirklich fast von selbst.

Zutaten
für 4 Personen

12 kleine, dünne Kalbsschnitzel von je ca. 50 g
12 frische Salbeiblätter
6 Scheiben mild geräucherter roher Schinken
60 g Butter
Salz
weißer Pfeffer aus der Mühle
100 ml Marsalawein
2 EL Wasser
Parmesan
Außerdem: 12 Zahnstocher

Gault&Millau
„Liebenstein"
Weingut Baron Longo, Italien
Eine ultrafeine Komposition aus Chardonnay und Weißburgunder aus historischen Lagen bei Neumarkt.

Bucatini alle Vongole

Venusmuscheln waschen. Nur geschlossene Muscheln verwenden! Sand in den Muscheln entfernen. Hierzu eine große Schüssel mit kaltem Wasser füllen und einen Teller umgekehrt hineinlegen. In das Wasser einen TL Salz geben und die Muscheln vorsichtig auf den Teller geben. Ca. 2-3 Stunden in den Kühlschrank stellen. Die Muscheln geben so den Sand ab, der sich unter dem Teller sammelt. Muscheln nun herausnehmen, nochmals abbrausen.

Nun die Gemüse putzen und waschen. Karotte und Sellerie fein würfeln und die Chili von den weißen Samen und Scheidewänden entfernen. Nun das Chili-Fruchtfleisch und den Knoblauch fein hacken und in 3 EL Olivenöl in einer hohen, großen Pfanne andünsten. Die Gemüsewürfel hinzugeben, kurz weiter anbraten und die Muscheln hineingeben. Mit Weißwein ablöschen, den Deckel schließen und garen lassen. Für die Bucatini zwischenzeitlich reichlich Wasser in einem Topf zum Kochen bringen und die Pasta bissfest garen. Dann das Wasser abschütten. Noch „feuchte" Bucatini direkt zu den Muscheln in die große Pfanne geben, restliches Olivenöl hinzufügen und vermengen. Fein geschnittene Petersilie kurz dazugeben und servieren. Das Gericht kann als Zwischen- oder Hauptgericht gereicht werden.

Al dente – Bucatini haben den Vorteil, dass sie länger bissfest bleiben als Spaghetti.

Zutaten
für 2-4 Personen

1 kg Vongole (Venusmuscheln)

1 Karotte

60 g Stangensellerie oder Lauch

1/2 rote Chilischote

2 Knoblauchzehen

6 EL Olivenöl

125 ml trockener Weißwein

2 Eiertomaten oder 100 g Dosentomaten

350 g Bucatini (ital. Pasta)

Salz

Pfeffer aus der Mühle

2 EL fein geschnittene Blattpetersilie

Gault&Millau

Sauvignon „Praesulis"
Gump Hof Weingut M. Prackwieser, Italien

Was Markus Prackwieser an den steilen Hängen des Eisacktales unterhalb von Schloss Prösels mit Unterstützung der kühlen Fallwinde aus den Dolomiten mit dieser würzigen Spezialität gelingt, zählt zum Allerfeinsten, was Italien an Weißwein zu bieten hat.

Pollo alla diavola

„Scharfes" Hähnchen aus Italien

Zutaten
für 4 Personen

2 frische, küchenfertige
Brathähnchen
von je 800-1000 g
2 Knoblauchzehen
4 EL Zitronensaft
1/8 l kaltgepresstes Olivenöl
2 große getrocknete rote
Chilischoten oder
reichlich Cayennepfeffer
Salz

Brathähnchen mit einer Geflügelschere entlang dem Rückgrat aufschneiden. Das Rückgrat dann herauslösen. Die Hähnchen mit der Brustseite nach unten auf die Arbeitsplatte legen und das Brustbein entweder herauslösen oder mit einem Hackmesser (oder dem Fleischklopfer) vorsichtig flach klopfen, sie dürfen jedoch nicht deformiert werden.

Knoblauch schälen, durch die Presse drücken, mit Zitronensaft und Öl vermischen. Die Hähnchen damit einreiben, in eine große, flache Schüssel legen, unter häufigem Wenden 60 Minuten marinieren. Chilischoten in einem Mörser ganz fein zerstoßen.

Hähnchen dann mit Haushaltspapier etwas abtupfen, so dass sie nur noch mit einem Hauch Öl bedeckt sind. Mit Salz und zerstoßenen Chilischoten oder Cayennepfeffer einreiben. Die Hähnchen sollen wirklich brennend scharf sein. Den Backofen auf höchste Stufe (Oberhitze) vorheizen oder den Grill einschalten.

Die Hähnchen mit der Brustseite nach unten über der Fettpfanne auf den Rost legen, auf die Mittelschiene schieben und 5 Minuten braten bzw. grillen. Dann wenden.

Nach weiteren 5 Minuten wieder umdrehen, mit etwas Marinade bestreichen und wiederum 5 Minuten braten. Dann mit der Brustseite nach oben so lange weiterbraten oder -grillen, bis die Haut knusprig braun ist. Das kann je nach Temperatur 5 bis 10 Minuten dauern. Dabei immer wieder mit etwas Marinade bestreichen. Statt mit Marinade kann man die Hähnchen jedoch auch mit ausgetretenem Bratensaft bestreichen.

Die Hähnchen auf vorgewärmten Tellern anrichten.

Dazu einen kräftigen italienischen Rotwein und ofenfrisches Stangenweißbrot reichen. Eventuell noch gefüllte grüne Oliven dazu servieren.

Variation: Man kann die Hähnchen statt mit Chilischoten oder Cayennepfeffer nach etwa 20 Minuten Bratzeit auch mit je 1 Esslöffel in Milch aufgelöstem scharfen Senf bestreichen und mit einer Marinade aus Semmelbröseln und gehackter Petersilie bestreuen. Dann so lange weiterbraten, bis die Semmelbrösel goldbraun sind.

Nach Belieben zu den Hähnchen noch Zitronen- oder Limettenschnitze reichen oder sie unmittelbar vor dem Auftragen mit etwas frisch gepresstem Zitronensaft beträufeln.

Caponata

Italienisches Gemüse-Schmorgericht

Auberginen unter fließendem Wasser abbürsten, die Stengelansätze abschneiden und die Früchte in etwa 5 mm dicke Scheiben schneiden.

Eine große Platte mit Salz bestreuen, darauf die Scheiben legen und ebenfalls salzen. 10 Minuten Wasser ziehen lassen, dann in einem Durchschlag abspülen, gut abtropfen lassen und auf einer dicken Lage Haushaltspapier ausbreiten, anschließend trockentupfen.

In einer großen Pfanne immer 2 bis 3 Esslöffel Olivenöl erhitzen und die Auberginenscheiben darin auf jeder Seite goldbraun anbraten. Dann zum Abfetten auf Haushaltspapier legen.

Nebenher die Zwiebeln schälen und in dünne Scheiben schneiden. Die Tomaten mit kochendem Wasser überbrühen, häuten, vierteln und entkernen. Die Paprikaschoten aufschneiden, von Samensträngen und Stängelansätzen befreien, waschen, abtrocknen und in breite Streifen oder Würfel schneiden. Sellerie putzen, waschen, trockentupfen und die Stängel in etwa 2 cm breite Stücke schneiden. Das restliche Öl in einem großen Topf erhitzen, das Gemüse außer den Auberginen hineingeben und unter Rühren 15 bis 20 Minuten schmoren lassen. Es soll noch etwas „Biss" haben.

Nach 10 Minuten die Auberginenscheiben, die abgetropften Kapern und die gefüllten Oliven zufügen. Das Gemüse zugedeckt neben dem Herd noch 5 Minuten ziehen lassen. Dann mit Salz, Pfeffer, etwas Zucker und nach Belieben mit etwas Essig abschmecken.

Caponata, das aus der sizilianischen Küche stammt, kann sowohl lauwarm als auch kalt gegessen werden.

Zutaten
für 4-6 Personen

750 g kleine Auberginen
Salz
125 ml kaltgepresstes Olivenöl
350 g große Zwiebeln
750 g vollreife Tomaten
je eine rote, gelbe und grüne Paprikaschote
200 g Staudensellerie
50 g kleine Kapern (Nonpareilles)
100 g mit Pimientos gefüllte grüne Oliven
weißer Pfeffer aus der Mühle
Zucker
nach Belieben etwas Essig

Forelle Müllerin
gebraten

Die frischen Forellen säubern, unter fließendem Wasser sorgfältig abspülen und trocken tupfen. Mit etwas Zitronensaft beträufeln. Innen und außen mit Salz und etwas weißem Pfeffer würzen. In Mehl wenden und überschüssiges Mehl abklopfen. In einer Pfanne das Butterschmalz erhitzen. Die Forelle auf mittlerer Temperatur ca. 4-5 Minuten braten. Vorsichtig wenden und weitere 3-4 Minuten braten. Lässt sich die Rückenflosse leicht herausziehen, ist die Forelle gar. Die knusprig gebratene Forelle aus der Pfanne nehmen und auf einen vorgewärmten Teller legen. 4 Zitronenscheiben abschneiden.

Die restliche Zitrone auspressen und Petersilie fein hacken. In der Pfanne nun Butter und Zitronensaft erhitzen. Petersilie kurz dazugeben und das Ganze über die Forelle gießen. Mit Zitronenscheibe garnieren. Dazu schmecken Petersilienkartoffeln und grüner Salat.

Variante mit brauner Mandelbutter: 50 g Butter in einer Pfanne schmelzen. Mandelblättchen (40 g) zugeben und erhitzen, bis sie hellbraun sind. Die fein geschnittene Petersilie kurz darin schwenken und über die angerichtete Forelle geben. Guten Appetit!

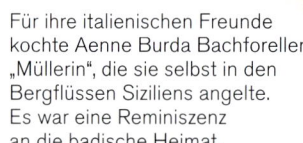

Für ihre italienischen Freunde kochte Aenne Burda Bachforellen „Müllerin", die sie selbst in den Bergflüssen Siziliens angelte. Es war eine Reminiszenz an die badische Heimat.

Zutaten
für 4 Personen

4 Forellen
40 g Mehl
4 EL Butterschmalz
50 g Butter
Petersilie
1 große Zitrone
Salz
Weißer Pfeffer aus der Mühle

Gault&Millau
Weißburgunder „Steinfelsen"
Weingut Holger Koch, Baden

Aus frischem Quellwasser, in Butter gebraten, gehört die Forelle zum Feinsten, was die Fischwelt zu bieten hat, und hat mit Holger Kochs Weißburgunder die denkbar eleganteste Begleitung.

TIPP VON SOPHIE Bei Fisch ist Frische das wichtigste Gebot. Deshalb bitte die Forellen nur beim Fischhändler Ihres Vertrauens kaufen. Auf Wunsch werden die Forellen bereits vor Ort küchenfertig hergerichtet.

Im Offenburger Stadtwald: Senator Burda mit seinem engen Jagdfreund, dem Revieroberjäger und Wildhüter Wilhelm Walter.

Legendäre Jagdessen

Wenn herzhafte Gerichte den anstrengenden Tag
belohnen und den Zusammenhalt stärken

Unter dem kritischen Blick des Senators:
Aenne Burda legt das Jagdgewehr an.

Revier – nicht nur für Männerfreundschaften

Im letzten Jahrhundert gab es sie noch: die klassischen Männergesellschaften. Horte der Freundschaft und des spielerisches Kräftemessens wie einst bei mittelalterlichen Turnieren. Sie waren Saatboden für politische und wirtschaftliche Interessen, die, gemeinsam begossen, reiche Ernte versprachen. Was heute auf dem Golfplatz eingelocht wird, wurde früher zwischen Wald und Wiesen in Jägerlatein besiegelt.

Auch Franz Burda besaß eine Jagd. Bereits als Bub hatte es ihn frühmorgens auf die Felder gezogen, um Hasen und Rehe zu beobachten. In den 1930ern erwarb er seinen Jagdschein und pachtete Reviere rund um Offenburg. Damals war es der Fürst zu Fürstenberg, der in der Region zu großen Gesellschaftsjagden einlud, die in urigen Gasthäusern im Ried ihren krönenden Abschluss fanden. Wer hier am Tisch saß, profitierte nicht nur von Rehkeule, Rotkraut und Maronen, sondern durfte sich zum erlauchten Kreis zählen. Franz Burda gehörte nicht dazu.

So rief der Pächter exzellenter Niederwildreviere selbst zum Halali und lud einmal im Jahr zur Hubertusjagd, die heute noch als legendär gilt. Die Teilnehmerliste liest sich wie ein Auszug aus dem Who's who. Neben Politikern wie Franz Josef Strauß, Walter Scheel, Richard Stücklen und Botschaftern vieler Länder kamen Wirtschaftsgrößen wie Berthold Beitz, Carl Underberg, Egon Overbeck, Gerrit van Delden, Geschäftspartner wie Schöpflin-Haagen oder Hofbauer, Journalisten wie Axel Springer jr., Schauspieler Bernhard Wicki und Boxer Max Schmeling. Zum traditionellen Jagdfrühstück am offenen Feuer gab es Erbsensuppe mit Fleischwurst, einen Schwarzwälder Kirsch zum Einheizen, und gemeinsam mit den Treibern sang die Männerrunde: „Im grünen Wald, da wo die Drossel singt."

Jagd-Plausch: Franz Burda jr., Männi Herrmann, J. J. Darboven und Fritz Wepper.

Männerrunde: Senator Burda mit dem ausgezeichneten Schützen Franz Josef Strauß, dem bayerischen Ministerpräsidenten.

Im 1400 Hektar großen Jagdrevier, das als eines der besten in der Bundesrepublik galt, wurden neben Fasanen, Rebhühnern und Hasen auch kanadische Wildtruthühner geschossen. Die Gaudi beim anschließenden Jagdessen war groß. Anfangs im Jagdhaus im Stadtwald, ab Mitte der 1960er Jahre in der Franzensstube im Offenburger Ortsteil Fessenbach wurde mit hauseigenem Franzensberger Wein angestoßen. In einer Mini-Küche zauberten die Köche ein Menü, das Aenne Burda dem Anlass entsprechend ausgewählt hatte: So gab es zur Vorspeise beispielsweise Straßburger Gänseleberparfait mit Butterbrioche-Toast und Madeiragelee, gefolgt von einer klaren Oxtail mit Parmesanstangen, Brüstchen von Wildfasan „Jagdherren-Art" mit Champagnerkraut, Sahnepüree und Mandelkroketten zum Hauptgang und Schokoladencreme mit Feingebäck als Nachspeise. Dann verteilte der Senator sein berühmtes Liederbuch mit einem Goethe-Zitat als Vorwort: „In allen guten Stunden, erhöht von Lieb' und Wein, soll dieses Lied verbunden von uns gesungen sein!" Und aus vollen Kehlen wurde zu Akkordeon- und Zither-Begleitung geschmettert: „Freunderl, was denkst du denn, woll'n wir nach Hause geh'n oder wir bleib'n noch hier, bist du dafür?"

Das Schöne dabei: Nicht nur die Gäste aus Gesellschaft, Politik und Wirtschaft profitierten von den alljährlichen Gipfeltreffen, sondern auch Burdas Mitarbeiter. Nach jeder Hubertusjagd konnten sie günstig Fasane und Rebhühner erwerben und ihren Familien ein Festmahl kredenzen.

Auf eine gute Jagd: Fritz Wepper und Poldi von Bayern.

Halali: zum Auftakt der Jagd.

Jagdlich gedeckter Tisch: nach der Jagd in der Franzensstube mit dem legendären Jagd-Geschirr von Senator Burda.

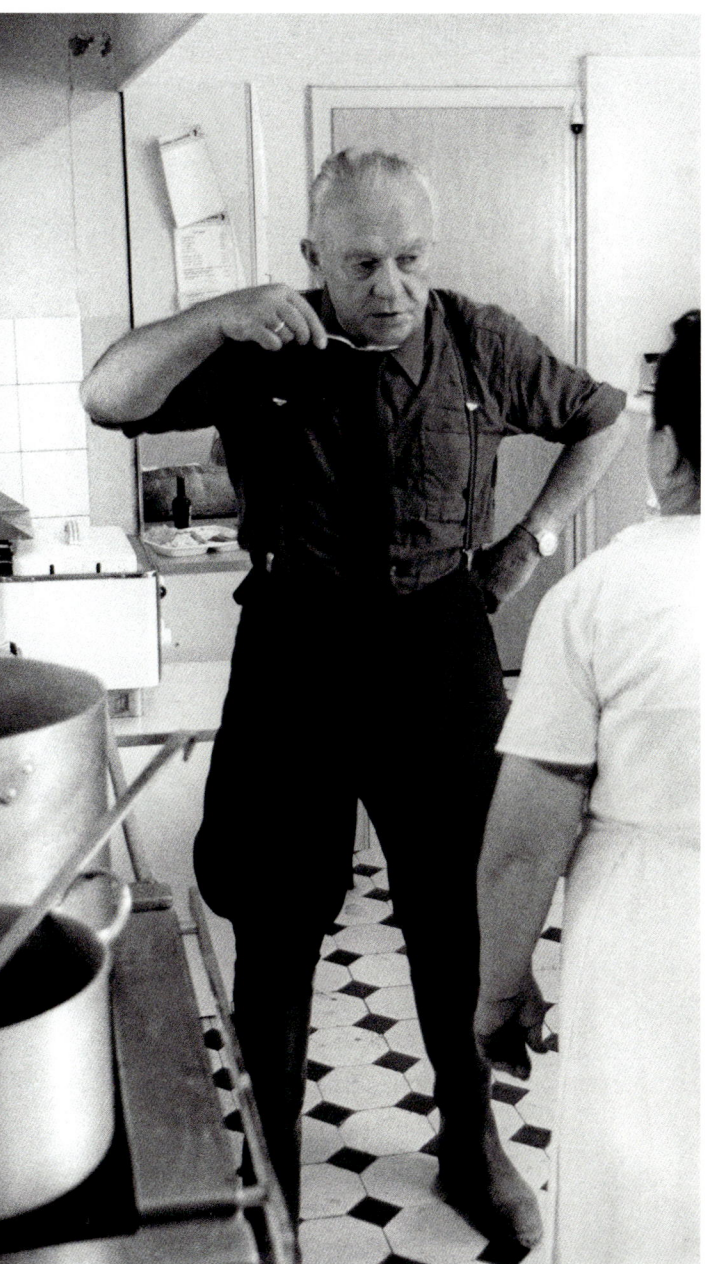

In der Küche der Schutterwälder „Krone"
schmeckt der Jagdherr Senator Franz Burda
die Mittagssuppe ab.

Ausgelassen in rustikaler Runde:
Der britische Botschaftsrat Lance Pope spielt zum Jagdessen
in der Franzensstube auf.

Jagd und Gesang: Franz Burda (rechts) und
Max Schmeling singen in der Fessenbacher
Franzensstube Wiener Lieder.

Gulaschsuppe

Jagdmahlzeit

Zutaten
für 4 Personen

250 g Rindfleisch aus der Schulter
200 g Zwiebeln (fein geschnitten)
40 g Öl oder Butterschmalz
1,2 l Rinderbrühe
200 g Kartoffeln (geschält)
1 EL Tomatenmark
2 EL Paprikapulver edelsüß
Majoran
1-2 Knoblauchzehen
etwas Weißwein oder Essig
1 rote Paprikaschote in Würfel
2 TL fein geschnittene Petersilie
nach Belieben
20 g Mehl, glatt rühren

Rindfleisch und Kartoffeln in gleich große Würfel (ca. 1-2 cm) schneiden. Butterschmalz erhitzen. Zwiebeln anbraten, Fleisch dazugeben, danach den klein geschnittenen Knoblauch und alles andünsten lassen. Tomatenmark und Paprikapulver hinzufügen und kurze Zeit später mit etwas Weißwein ablöschen. Nun mit Rinderbrühe auffüllen, Gewürze zugeben und ca. 40 Minuten garen. Kartoffeln und Paprikaschote beimengen und kochen, bis sie weich sind.

Wahlweise zur besseren Bindung das Mehl in Wasser glatt rühren, sofort in die heiße Suppe geben und weitere 5 Minuten aufkochen. Abschmecken, mit Petersilie bestreut servieren.

Eine kräftige Gulaschsuppe, auf dem offenen Feuer gekocht – bei einer nasskalten Treibjagd eine Wohltat für Leib und Seele.

Feldsalat

mit Speck & Kracherle (Croûtons)

Feldsalat gründlich putzen, waschen und gut abtropfen lassen. Die Schalotten schälen und in dünne Ringe schneiden. In einer kleinen Schüssel Senf nach und nach mit Essig und einer Prise Zucker verrühren. Knoblauch schälen, durch eine Presse drücken und in die Schüssel geben. Langsam Öl zufügen und mit Salz, Pfeffer abschmecken. Den Bauchspeck in dünne, feine Streifen schneiden und in einer Pfanne bei nicht zu starker Hitze auslassen. Toastbrotkanten abschneiden, danach fein würfeln und in der Butter goldbraun rösten.

Den Feldsalat vorsichtig mit der Sauce vermengen und auf großen Tellern anrichten. Den Speck auf Küchenpapier abtropfen lassen und mit den Brotwürfeln über den Salat streuen und sofort servieren. Die Salatmenge reicht als Vorspeise für vier Portionen und als Beilage für sechs Personen.

Variationen mit gleicher Salatsauce: z.B. junger Löwenzahn oder gemischter Wildsalat.

Zutaten
für 4-6 Personen

300 g Feldsalat
2 Schalotten
1 Knoblauchzehe (klein)
4 EL milder Essig
1½ TL nicht
zu scharfer Senf
5 EL sehr gutes Öl
(z. B. Traubenkernöl)
Salz
Pfeffer aus der Mühle
1 Prise Zucker
180 g mild geräucherter Bauchspeck
3 Scheiben Toastbrot
20 g Butter

Heimischer Feldsalat mit Schwarzwälder Speck und Kracherle. Als Variante auch mit gehacktem Ei und Tomaten-Concassée (siehe Rezept Seite 224 bei Spargel) serviert.

Imposant – das zünftige Jagdgeschirr von Senator Franz Burda, dass bei keinem „Halali" fehlen durfte.

Wildschweinragout

Das Wildfleisch (Würfel mit etwa 1,5 bis 2 cm Größe) abspülen und trocken tupfen.

Das Gemüse (Zwiebeln, Knoblauch, Karotten und Sellerie) putzen, schälen und in kleine Würfel teilen. Öl in den Bräter oder einen großen flachen Topf geben und erhitzen. Das Fleisch mit Salz und Pfeffer würzen und von allen Seiten gleichmäßig angehen lassen. Nun das Gemüse zugeben und anbraten und das Tomatenmark beifügen. Dieses leicht rösten, dann mit dem Mehl bestäuben. Mit dem Rotwein nun in mehreren Schritten ablöschen. 150 ml Wasser beigeben, zum Kochen bringen und das Gulasch mit verschlossenem Deckel bei reduzierter Hitze ca. 40-60 Minuten schmoren. Von Zeit zu Zeit vorsichtig umrühren. Bei Bedarf etwas Wasser nachgießen und einige Minuten vor Ende der Garzeit den Deckel abnehmen und die Flüssigkeit weiter einkochen. Ist das Wildragout gar, nochmals abschmecken und nach Belieben mit Pfifferlingen, Brokkoli und Spätzle oder Nudeln servieren.

Zutaten
für 6 Personen

1,2 kg Wildschweinragout
30 ml Pflanzenöl
300 g Zwiebeln
2 Knoblauchzehen
100 g Karotten
100 g Sellerie
Salz
Pfeffer aus der Mühle
2 EL Tomatenmark
1½ EL Mehl
4 Pimentkörner
2 Nelken
2 Lorbeerblätter
3/4 l kräftiger Spätburgunder

Gault&Millau
Syrah
Weingut Fritz Waßmer, Baden
Weißer Pfeffer in der Nase charakterisiert diesen ungemein tiefgründigen Rotwein einer Rebsorte, die aus dem Rhônetal kommend im Markgräfler Land inzwischen eine neue Heimat gefunden hat.

Leider ein selten gewordenes Gericht – damals eines der Lieblingsessen von Boxweltmeister Max Schmeling. Auf französischem Porzellan mit Jagdmotiven aus der Burda-Villa.

Fasan
mit Weinsauerkraut

Den Fasan innen und außen abwaschen und trocken tupfen. Die Wacholderbeeren mörsern, mit Salz und Pfeffer mischen und den Fasan sowohl innen und außen einreiben. Die Fasanenbrust mit den Speckscheiben bedecken und mit Küchengarn so binden, dass auch die Keulen eng am Körper anliegen. Den Backofen auf 250° C Ober- und Unterhitze (Umluft 230° C) vorheizen.

Eine Bratreine mit wenig Wasser gefüllt unten einschieben, den Fasan auf einem Rost über der Reine etwa 10-15 Minuten anbraten.

Dann die Temperatur auf 200° C (Umluft 180° C) zurücknehmen und den Fasan öfters mit der Bratflüssigkeit übergießen. Garzeit gesamt: ca. 40 Minuten braten.

Das Sauerkraut etwas kürzer schneiden und mit Zugabe von Wein und Gewürzen ca. 50 Minuten köcheln. Vor Garende etwas Butter unter das Kraut geben. Die halbierten und entkernten Weintrauben in Butter heiß schwenken und mit dem Sauerkraut zu dem tranchierten Fasan servieren. Nach Belieben Speckstreifen in einer kleinen Pfanne auslassen, Brot zufügen und knusprig rösten. Anschließend beides über das Kraut streuen und sofort servieren. Dazu passen Salzkartoffeln oder Kartoffelpüree.

Zutaten
für 4 Personen

1 junger Fasan von ca. 1 kg Gewicht
6 Wacholderbeeren
Salz und Pfeffer aus der Mühle
2 dünne Scheiben frischer durchwachsener Speck
Weinsauerkraut:
400 g Sauerkraut (möglichst aus dem Fass)
150 g frische grüne Weintrauben (entkernt)
200 ml trockener Weißwein (Riesling)
2-3 Wacholderbeeren
1 Lorbeerblatt
20 g Butter für Weintrauben
40 g Butter für das Kraut
40 g Bauchspeck in Streifen
2 Scheiben Weißbrot in Würfel

Gault&Millau
Riesling „Am Bühl" GG
Weingut Andreas Laible, Baden
Zu diesem edlen Wildgeflügel paart sich das Edelste aus der noblen Riesling-Rebe ganz besonders gut und unterstreicht dabei die Saftigkeit des Riesling-Krauts.

Sauerbraten

mit Semmelknödel

Zutaten für 6 Personen

Sauerbraten
- 1 kg mageres Rindfleisch (Blume oder Schwanzstück)
- 3 große Zwiebeln
- 3 große Möhren
- 1 kleines Stück Knollensellerie
- 1/4 l trockener Rotwein
- 125 ml sehr guter Rotweinessig
- 250 ml Wasser
- 1 Lorbeerblatt
- 2 Zweige Estragon
- 1 TL schwarze Pfefferkörner
- 4 Nelken
- 100 g fetter Speck
- Salz
- 1 Petersilienwurzel
- 1 Stange Lauch (Porree)
- 25 g Mehl
- 125 ml heiße Fleischbrühe
- 125 ml süße Sahne
- weißer Pfeffer aus der Mühle
- 1 Prise Salz

Semmelknödel
- 300 g Knödelbrot oder 6-8 Brötchen vom Vortag
- 1/4 l Milch
- 1 Bund Blattpetersilie
- 1 Zwiebel
- 1 EL Butter
- Salz
- 3 Bio-Eier
- Pfeffer aus der Mühle
- Muskatnuss, frisch gerieben
- 1 TL abgeriebene unbehandelte Zitronenschale

Rindfleisch abspülen, trocken tupfen und wenn nötig häuten. In eine große Steingutschüssel legen. 1 Zwiebel, 1 Möhre und den Sellerie schälen. Alles würfeln und über das Fleisch streuen. Rotwein, Essig und Wasser mischen und das Fleisch damit begießen. Lorbeerblatt, Estragon, Pfefferkörner und Nelken zufügen, das Fleisch zugedeckt 3 Tage marinieren. Während dieser Zeit täglich einmal wenden.

Das Fleisch abtropfen lassen und trocken tupfen. Den Speck fein würfeln und in einem großen Bräter ausbraten. Das Fleisch in dem heißen Bratfett rundherum braun anbraten.

In der Zwischenzeit die restlichen Zwiebeln, Möhren und die Petersilienwurzel schälen und grob würfeln. Den Lauch putzen, waschen, abtropfen lassen und in Ringe schneiden. Zum Fleisch geben und kurz anrösten lassen. Von der Beize ¼ l abnehmen und mit der Fleischbrühe mischen.

Das Mehl über das Gemüse streuen, unter Rühren hellbraun anrösten, dann mit einem Teil der Marinaden-Fleischbrühe-Mischung ablöschen. Den Braten zugedeckt 90 Minuten bei nicht zu starker Hitze schmoren lassen, dabei nach und nach die restliche Flüssigkeit angießen.

Den Braten aus dem Fond nehmen. Den Fond durchsieben, mit der Sahne vermischen, erhitzen, jedoch nicht aufkochen lassen. Die Sauce mit Salz, Pfeffer und Zucker abschmecken. Den Braten in dünne Scheiben aufschneiden.

Dazu Semmel- oder Kartoffelklöße und grüne Bohnen oder Rotkohl servieren.

Hinweis: Sauerbraten gibt es vielfach schon eingelegt beim Fleischer. Nur: Die Marinade ist oft sehr sauer, darf also nur sparsam verwendet werden.

Semmelknödel

Geschnittenes Knödelbrot in eine große Schüssel geben. Die Milch erhitzen und darübergießen. Das Ganze ca. 20 Min. ziehen lassen. Die Petersilie waschen, trocken schütteln und fein hacken. Die Zwiebel schälen und in kleine Würfel schneiden. Butter in einer kleinen Pfanne erhitzen, die Zwiebel darin glasig andünsten und beiseitestellen. In einem großen Topf Salzwasser zum Kochen bringen. Die eingeweichten Semmeln mit Eiern, Zwiebel und Petersilie gut vermengen. Mit Salz, Pfeffer, Muskat und Zitronenschale würzen. Hände mit Wasser befeuchten und kleine Knödel formen. Siedendes Wasser 20 Minuten ziehen lassen. Das Wasser sollte nun nicht mehr aufkochen.

Gault&Millau
„Novis"
Weingut Dr. Heger, Baden
Dieser Bordeaux-Blend von Joachim Heger zeigt, auf welch hohem internationalen Niveau der Winzer aus dem Kaiserstuhl hier mitspielen kann.

Der Sauerbraten wurde mit Franzensberger Spätburgunder aus eigenem Anbau eingelegt.

„Bal paré": Glamouröser Höhepunkt der deutschen Ballsaison im Bayerischen Hof in München.

Glamouröse Bälle & Bambi-Galas

Wie die Gesellschaft sich feiert und den Erfolg genießt

Die Influencerin

Die Presse überschlug sich. Seitdem Senator Franz Burda 1961 mit dem Kauf der „Münchner Illustrierten" die jährliche Austragung des Faschingsballs „Bal paré" im „Bayerischen Hof" in München übernommen hatte, wetteiferten die Gesellschaftskolumnisten mit Superlativen: Der schönste, der beste, der teuerste, der prächtigste Bal paré... Filmdiven wie Romy Schneider und Sophia Loren, Legenden wie „Dr. Schiwago" Omar Sharif und „Bonanza"-Chef Lorne Greene, Wirtschaftsgrößen wie Berthold Beitz und Max Grundig, Politiker wie Franz Josef Strauß und Walter Scheel waren zu Gast – und auf der Bühne Weltberühmtheiten wie Shirley Bassey, Ella Fitzgerald, Eartha Kitt, Diana Ross und „Tiger" Tom Jones. Das Stelldichein der Stars war nicht zu überbieten. Sie wurden mit Privatjets eingeflogen und feierten eine Nacht lang so glamourös wie im Märchen 1001 Nacht. Strahlender Mittelpunkt jedes Balls war Aenne Burda, in französischer, perlenbestickter Haute Couture, mit glänzendem Geschmeide und raffinierten Frisuren, die der Pariser Starcoiffeur Alexandre zauberte. Doch sie war nicht nur schön, sondern glänzte mit Esprit. Ihre Weltgewandtheit, ihr sicheres Auftreten, ihr berufliches Können, ihr Charme und ihre Klasse zeichneten sie als Role Model aus. Hätte es damals schon Instagram gegeben, wäre Aenne Burda eine der ersten Influencerinnen gewesen. Sie stand im Blitzlichtgewitter. Und nichts überließ sie dem Zufall: Ihr Style spiegelte sich im Ball-Ambiente, auf den festlich gedeckten runden Tischen und in den exzellent abgestimmten Menüabfolgen wider. Die 600 geladenen Gäste feierten bis in die frühen Morgenstunden und eroberten dann die Münchner City. Begleitet von den Schaulustigen, die vor dem „Bayerischen Hof" warteten, zogen sie zum „Donisl", der bisweilen so überfüllt war, dass Curd Jürgens ins Gästebuch notierte: „Ich verstehe gar nicht, wie man sich woanders niederlassen kann als in der Spülküche beim Donisl."

Doch gegen Ende der 1960er Jahre gesellten sich Demonstranten zu den Fans vor dem Luxushotel. Die Zeit der Studentenbewegung und der Außerparlamentarischen Opposition beendete die rauschenden Ballnächte, und Aenne und Franz Burda entschieden, von nun an die Bambi-Galas größer zu zelebrieren. Was 1948 als Filmpreis seinen Anfang genommen hatte und seit den 1980er Jahren als Bambi-Medienpreis firmiert, war seither in vielen deutschen Städten und an geschichtsträchtigen Orten zu Gast. Weltstars schreiten jedes Jahr über den roten Teppich und genießen die glanzvollen Nächte mit kulinarischen Genüssen. Und um Mitternacht gibt es noch immer einen herzhaften, ganz bodenständigen Snack. So, wie es Aenne Burda 1961 eingeführt hatte. Damals begeisterte sie die Schickeria mit Weißwürsten, süßem Senf und Brezn.

Karrierefrauen: Die Wirtschaftswunderfrau Aenne Burda beim Plausch mit der international gefeierten Schauspielerin Maria Schell.

Ein Tänzchen mit dem Bundesfinanzminister Franz Josef Strauß.

Mireille Matthieu singt von der Liebe, der „Grandseigneur" – wie sie den Senator nannte, dirigiert mit. Links die junge Romy Schneider.

Prominente Tischrunde: Axel Springer, Aenne Burda und Maria Schell.

Eartha Kitt: damals ein Superstar, begeistert die Prominenz im Bayerischen Hof.

Der Liebling der Damenwelt: „Tiger" Tom Jones.

Beim Tanz: Berthold Beitz, Generalbevollmächtigter des Krupp-Konzerns, mit Aenne Burda.

Shirley Bassey: Der Senator bedankt sich bei der amerikanischen Sängerin für ihren grandiosen Auftritt.

GLAMOURÖSE BÄLLE & BAMBI-GALAS

1968: Mireille Matthieu begeistert das Publikum beim „Bal paré" in München.

Das Auge isst mit:
Wie aus Aenne Burdas Kochbüchern der Zeit. Buffet auf Schloss Brühl im August 1965.

Eine der berühmten Sonntags-Matineen:
Hier mit Ehrengast Axel Springer in der „heiligen Halle" des Verlagshauses.

Sänger Udo Jürgens, der „vierte Sohn", überrascht Aenne Burda mit einem Strauß Rosen nach seinem Auftritt.

Vor der Bambi-Verleihung 1963 in Karlsruhe:
Herta Feiler, Marianne Koch, Heinz Rühmann, Cornelia Froboess, Helmut Schmid und Liselotte Pulver.

Ein Kuchen für die Diva: Senator Franz Burda überreicht der US-amerikanischen Jazz-Sängerin Ella Fitzgerald einen Kuchen.

Tischnachbarn: Lothar Späth, der viermalige Bambi-Gewinner Udo Jürgens, Aenne Burda und Walter Scheel.

Wildpastete
mit Cumberlandsauce

Wildfleisch und Speck abspülen und trocken tupfen. Dann in 2 cm dicke Streifen schneiden. Schalotten schälen und fein hacken, zusammen mit Pastetengewürz, Cognac, Sherry und Wildfleisch mischen und über Nacht kaltstellen.

Danach einige Fleischstreifen als Einlage zurückhalten. Den Rest salzen und zweimal durch die feine Scheibe des Fleischwolfs drehen. Trüffel hacken, Pistazien mit kochendem Wasser überbrühen und die Haut abziehen. Danach wird beides mit Eigelb unter die Masse (Farce) geknetet.

Teig
Mehl in Schlüssel sieben, Butter fein würfeln und mit Salz, Schmalz und Mehl mischen. Zu Streuseln verarbeiten, Eigelb und kaltes Wasser schnell darunterkneten, bis ein glatter Teig entsteht. 1 Stunde kalt stellen. Dann 2/3 des Teiges zu einer Platte (42 cm lang, 26 cm breit, 1/2 cm dick) ausrollen. Das letzte Drittel zu einem passenden Deckel auswellen (26 cm lang, 12 cm breit und 1/2 cm dick).

Pastete füllen
Kastenform ganz ausfetten. Mit der großen Teigplatte auslegen. Die Hälfte der Farce in die Form streichen, in die Mitte darauf Gänseleber- und Fleischstreifen verteilen und mit der übrigen Farce bedecken. Überstehenden Teigrand vorsichtig mit befeuchteten Fingern dünn auseinanderziehen, bis die Oberfläche der Pastete mit Teig verschlossen ist. Mit Wasser bepinseln und Teigdeckel auflegen. Den Rand mit Löffel- oder Gabelstiel zwischen Form und Pastete drücken und mit einem spitzen Messer fischgrätenartig einritzen. Im Deckel zwei kleine Öffnungen (Durchmesser 2 cm) ausstechen, zwei 5 cm hohe passende Papier- oder Alufolienröhrchen (sogenannte Kamine) hineinstecken, damit der Dampf entweichen kann. Eigelb mit Sahne verquirlen und die Oberfläche damit bepinseln. Die Form bei 200° C Ober- und Unterhitze (Umluft 180° C) in den vorgeheizten Backofen auf die unterste Schiene stellen und die Pastete 60 Minuten garen. Garprobe: Mit einer Nadel durch eines der Kamine bis auf den Teigboden stechen. Am Handrücken prüfen, ob die Nadelmitte warm ist. Pastete aus dem Backofen nehmen, mit einem Tuch bedecken und abkühlen lassen.

Madeira-Gelee
Die Gelatine einweichen und ausdrücken. Den Madeira mit der Fleischbrühe vermischen und die leicht ausgedrückte Gelatine darin auflösen. Wenn nötig noch mit etwas Salz abschmecken. Durch eine Filtertüte gießen, abkühlen. Pastete über die beiden Kamine mit kaltem, aber noch nicht gestocktem Gelee vorsichtig bis zur Unterkante des Teigdeckels befüllen und ca. 1,5 Stunden im Kühlschrank ruhen lassen. Hierzu eine Sauce Cumberland und Waldorfsalat (siehe Rezept Seite 53) servieren.

Cumberlandsauce
Schalotten schälen und sehr fein hacken. Orange und Zitrone unter fließendem lauwarmen Wasser abbürsten, mit einem Küchentuch abtrocknen und dünn schälen. Die Schalen in ganz feine Streifen (Juliennes) schneiden. Den Rotwein zum Kochen bringen, die Schalenstreifen und die Schalotte darin 3 Minuten blanchieren, dann abtropfen und abkühlen lassen.

Die Orange und eine halbe Zitrone auspressen.

Das Johannisbeergelee mit dem Saft und dem Portwein verrühren und die Sauce pikant mit Ingwer- und Senfpulver und mit Cayennepfeffer abschmecken. Zum Schluss die Schalen und die fein gehackten Schalotten zufügen und die Sauce einige Stunden durchziehen lassen. Dabei hin und wieder umrühren.

Fast vergessen – Wildpastete mit Sauce Cumberland, u.a. als Vorspeise beim Bal paré im Bayerischen Hof in München.

Zutaten
für 16 Personen

Füllung
1 kg sehnenfreies Wildfleisch (Reh, Hirsch, Hase oder Fasan)
6 Schalotten
125 ml Cognac oder feiner Weinbrand
2 TL Pastetengewürz
350 g fetter, frischer Bauchspeck
125 ml trockener Sherry
Salz
Pistazien
2 Eigelb
1 kleine Dose Trüffel
100 g Gänseleberparfait

Teig
350 g Mehl
100 g Butter
50 g Schmalz
2 Eigelb
5 EL kaltes Wasser
Salz
Zum Bestreichen:
1 Eigelb und 2 EL frische Sahne

Madeira-Gelee
8 Blatt helle Gelatine
1/2 l Madeira
125 ml entfettete Bouillon
ggfs. Salz zum Abschmecken

Backform:
Kastenform (25 cm lang)

Cumberlandsauce
3 kleine Schalotten
1 unbehandelte Orange
1 unbehandelte Zitrone
100 ml Rotwein
400 g rotes Johannisbeergelee
3 cl Portwein
Ingwerpulver
Senfpulver
Cayennepfeffer

Gault&Millau
Riesling Achkarrer Schloßberg GG
Weingut Dr. Heger, Baden
Erstaunlich schlanker und dennoch kraftvoller Riesling aus der Kaiserstühler Spitzenlage, am besten mindestens fünf Jahre gereift.

Shrimpssalat – eine Delikatesse in der Wirtschaftswunderzeit.

Shrimpssalat

Zutaten
für 4 Personen

400 g geschälte frische Shrimps
1 rote Paprikaschote
1 gelbe Paprikaschote
200 g weiße Champignons
2 EL Zitronensaft
100 g Mandarinorangen aus der Dose
150 g blaue Weintrauben
125 ml süße Sahne
2 EL Delikatessmayonnaise
2 EL Tomatenketchup
2 EL Mandarinensaft aus der Dose
1 EL Cognac oder Weinbrand
Salz
Cayennepfeffer
1/2 Kopfsalat

Gault&Millau
Viognier
Weingut Fritz Waßmer, Baden
Fritz Waßmer beherrscht die gesamte Reben-Klaviatur, wie hier mit einem zartfruchtigen, nach Melone duftenden Viognier aus dem Rhônetal, wo aus dieser Rebe der kultige Condrieu gekeltert wird.

Shrimps kurz kalt abspülen, gut abtropfen lassen und auf einer Lage Haushaltspapier ausbreiten. Die Paprikaschoten halbieren, von Stängelansätzen und Samensträngen befreien, dann sehr fein würfeln. Champignons putzen, in einem Küchentuch abreiben, in dünne Scheiben schneiden und mit 1 Esslöffel Zitronensaft vermischen. Die Mandarinorangen abtropfen lassen. Die Weintrauben waschen, abtropfen lassen, Beeren von den Stielen zupfen, eventuell häuten, halbieren und entkernen.

Die Sahne mit Mayonnaise, Tomatenketchup, Mandarinensaft, restlichem Zitronensaft und Cognac oder Weinbrand schaumig rühren. Mit Salz und Cayennepfeffer abschmecken. Mit den übrigen Salatzutaten vermischen und 5 Minuten ziehen lassen.

In der Zwischenzeit den Salat putzen, die Blätter waschen, trocken schleudern und eine Servierschale oder vier Portionsschälchen damit auskleiden. Den Shrimpssalat hineinfüllen und zusammen mit frisch geröstetem Vollkorntoast und gesalzener Butter servieren.

Glamouröse Bälle & Bambi-Galas

Straßburger Gänseleberparfait

mit Gewürztraminer-Gelee

Gelatine in kaltem Wasser einweichen. Hühnerbrühe und den Gewürztraminer leicht erwärmen, die ausgedrückte Gelatine zufügen und unter Rühren auflösen. Die Mischung eventuell mit etwas Salz nachwürzen.

Einen großen, flachen Teller kalt ausspülen, die Geleemischung hineingießen und im Kühlschrank erstarren lassen. Unmittelbar vor dem Servieren stürzen und in kleine Würfel schneiden.

Den Gänseleber-Block mit einem scharfen, dünnen Messer in 8 gleichmäßige Scheiben schneiden. Messer nach jeder Scheibe wieder in warmes Wasser tauchen. Die Scheiben direkt auf Tellern anrichten. Mit den Geleewürfeln garnieren und mit Butterröllchen, frischem Brioche oder getoastetem Kastenweißbrot als Vorspeise servieren.

Hinweis: Statt dem Gewürztraminer kann man auch die gleiche Menge Madeira verwenden. Das Aspik wird dann jedoch etwas dunkler und kräftiger.

Zutaten
für 8 Personen

8 Blatt weiße Gelatine

1/4 l entfettete Hühner- oder Wildbouillon

1/8 l Gewürztraminer

Meersalz

400 g Straßburger getrüffeltes Gänseleberparfait am Stück (franz.: Foie gras d´Oie truffé en bloc oder en tunnel).

Gault&Millau
Gewürztraminer „Vendange Tardive" – Sélection des Grains Nobles
Domaine Marcel Deiss, Frankreich

Der „Gewurz", wie diese wie ein ganzer Gewürzbasar duftende Rebsorte im Elsass liebevoll genannt wird, ist die Idealkombination zu diesem Parfait, ganz besonders aus dem Keller von Jean-Michel Deiss, der das Weingut heute leitet.

Straßburger Gänseleberparfait – bei keiner Gala durfte dieser kulinarische Heimatgruß aus dem benachbarten Elsass fehlen.

Das Tatar vom Rind – heute fast schon wieder ein „Muss" auf jeder Restaurantkarte. Im Bild das einzigartige, in Porzellan eingefasste Vesperservice von Aenne und Franz Burda.

Tatar vom Rind
mit dem Messer geschnitten

Entrecote von Häuten und Sehnen befreien und mit einem scharfen Messer in hauchdünne Scheibchen schneiden. Danach 2 bis 3 Tranchen übereinanderlegen, zunächst in feine Streifen, dann in Würfel teilen. Das Fleisch mit dem Messer fein hacken und in eine Schüssel geben. Nun Kapern, Sardellen, Gewürzgurke und Zwiebel ebenso fein hacken und zum Fleisch geben. Mit den restlichen Zutaten – außer dem Eigelb – würzen und abschmecken. Ganz zum Schluss das Eigelb zur Bindung unterrühren. Zum Servieren leicht getoastete Brotscheiben mit etwas Butter bestreichen. Nun einen Ring auf den Teller stellen und mit dem Tatar befüllen. Nach Belieben mit etwas fein geschnittenem Schnittlauch oder Sprossen garnieren.

Hinweis: Hochwertiges Entrecote sollte mit dem Messer fein geschnitten statt durch den Fleischwolf gedreht werden. Außerdem ist Tatar nur bedingt haltbar und sollte stets frisch und unmittelbar vor dem Verzehr zubereitet werden. Da das zerkleinerte Fleisch lichtempfindlich ist, geben wir etwas Tomatenketchup zu, was die Oxidation hemmt. Zum Garnieren eignen sich auch Wachteleier (als Spiegelei oder gekocht), Paprikawürfel und Kräuter.

Zutaten
für 4 Personen
oder 24 Häppchen

400 g Entrecote
5 Kapern
2 Sardellen
1 kleine Gewürzgurke
1 kleine Zwiebel
1 EL fein geschnittener Schnittlauch oder Sprossen
Salz
Pfeffer aus der Mühle
Paprikapulver
einige Tropfen Tabasco
etwas Cognac
1/2 TL Dijonsenf
1/2 EL Tomatenketchup
1-2 Eigelbe

Außerdem:
Einige geröstete Scheiben Weiß- oder Graubrot

Gault&Millau
Chardonnay Schloss Staufenberg
Weingut Markgraf von Baden
Dieser hochelegante, eher schlanke Chardonnay setzt mit feinen Kräuternoten dem Tatar die Krone auf.

Hausgebeizter Graved Lachs

mit Senfsauce

Das Filet nicht häuten. Eventuell zurückgebliebene kleine Gräten mit einer Pinzette aus dem Fleisch zupfen.

Piment und Pfefferkörner in einem Mörser zerstoßen, mit Meersalz und Zucker vermischen.

4 Bund Dill gründlich waschen und trocken tupfen. Eine ovale, flache Steingutform mit etwas Dill auslegen. Darauf das Filet mit der Hautseite nach unten legen, mit etwas Gin beträufeln, mit der Gewürzmischung bestreuen und dem restlichen vorbereiteten Dill belegen. Den Lachs mit Klarsichtfolie bedecken und die Folie unter die Form ziehen. Im Kühlschrank 12 Stunden beizen, dann wenden und weitere 12 Stunden marinieren. Lachs abtropfen lassen. Dann auf eine Arbeitsplatte legen und mit einem Messer die Gewürze vorsichtig abschaben. Den Fisch mit dem Lachsmesser in hauchdünne Scheiben schneiden und auf einer Platte anrichten. Die Zitrone oder Limette lauwarm waschen, abtrocknen und in Scheiben schneiden. Den Lachs damit garnieren und die Senfsauce getrennt dazu reichen.

Senfsauce

Für die Sauce das letzte Dillbündel abspülen, trocken tupfen und fein hacken.

Eigelb mit Senf, Weinessig, Zucker und nach Belieben Salz verrühren, bis sich Zucker und Salz aufgelöst haben. In einem dünnen Strahl das Öl einlaufen lassen und mit dem Schneebesen unterrühren, so dass eine Mayonnaise-ähnliche Sauce entsteht. Mit dem Dill vermischen.

Variante Honig-Senf-Sauce

Dill säubern und trocken tupfen. Grobe Stängel entfernen und fein schneiden. In einer kleinen Schüssel Senf, Honig und Zitronensaft verrühren. Zum Schluss das Öl unterrühren. Dill dazugeben und servieren.

Hinweis: Die Senfsaucen passen auch sehr gut zur geräucherten Forelle oder zum Fondue.

Hausgebeizter Graved Lachs – die Gala-Gäste waren stets begeistert. Der Aufwand, ihn selbst herzustellen, lohnt sich wirklich.

Zutaten
für 6-8 Personen

Lachs
1 rohes Lachsfilet
mit Haut (ca. 800 g)
1 EL Pimentkörner
1 EL weiße Pfefferkörner
1 EL schwarze Pfefferkörner
4 EL grobes Meersalz
4 EL Zucker
5 große Bund Freilanddill
wahlweise 50 ml Gin
1 unbehandelte Zitrone
oder Limette

Senfsauce
für 4 Personen
2 Eigelb
3 EL Dijon- oder Löwensenf
2 EL Weinessig
1 EL feiner Zucker
etwas Salz
1/4 feinstes Speiseöl

Honig-Senf-Sauce
für 4 Personen
4 EL mittelscharfer Senf
4 EL Akazienhonig oder
etwas kräftiger mit Waldhonig
2 TL frisch gepresster Zitronensaft
2 TL neutrales Öl
(z.B. Traubenkernöl)
1 Bund Dill

Gault&Millau
Weißburgunder & Chardonnay
Weingut Karl H. Johner, Baden
Diese Kaiserstühler Hochzeit der beiden weißen Burgunder-Reben ist ein Klassiker im Johner'schen Wein-Portfolio und eine „Bank" zum Klassiker aller Fischvorspeisen.

BAMBI

der begehrteste deutsche Medienpreis

Goldige Bambis:
Der viermalige Bambi-Gewinner Erik Ode, die sechsmalige Gewinnerin Inge Meysel und der zwölfmalige Gewinner Heinz Rühmann neben dem Verleger-Ehepaar.

1968: Das Ehepaar Richard Burton und Liz Taylor gewinnen gemeinsam die begehrte Trophäe. Rechts Marika Rökk.

1969 in München: Bambi für Omar Sharif, „Schätzchen" Uschi Glas und Lorne Greene. Links daneben: Heinz Rühmann und Gattin.

1963: Rock Hudson, Sophia Loren, Aenne Burda und der Senator in der ersten Reihe.

1996, innige Freundschaft: Aenne Burda mit Sänger und Entertainer Peter Alexander.

1989, Vertraute der Modewelt: Die Grande Dame der Modeverlage mit dem großen Karl Lagerfeld.

124　Glamouröse Bälle & Bambi-Galas

Opulent gedeckter Tisch: Bambi-Verleihung 2001 in Berlin.

Bambi 1983: Gewinner Heinz Sielmann mit Ehefrau Inge und dem Ehepaar Burda.

1989: Aenne Burda mit Unternehmer Berthold Beitz anlässlich ihres 80. Geburtstags.

1998 – 50 Jahre Bambi: Jubiläumsparty in Karlsruhe mit Victor Erdmann, Frieder Burda, Aenne Burda und Hans-Dietrich Genscher.

Am Vortag der Bambi-Verleihung Aenne Burda mit Karl Lagerfeld und ihrer Freundin Fürstin Marianne zu Sayn-Wittgenstein-Sayn.

Im Sommer eine wohltuende
Erfrischung als Einstieg in den Abend.

Gurkenkaltschale
mit Graved Lachs

1 Salatgurke schälen, die Enden abschneiden, längs halbieren und entkernen. 1/4 der Gurke nochmals längs halbieren, in dünne Scheiben schneiden und beiseitestellen. Die restliche Gurke nur grob würfeln. Frühlingszwiebeln in Ringe schneiden und Knoblauch von der Haut befreien. Die groben Gurkenstücke, den Knoblauch, die Frühlingszwiebeln, Buttermilch, Schmand, etwas Salz, Pfeffer, Zitronensaft, Dill und Zucker in einen Mixer geben und pürieren. Suppe abschmecken und ca. 2 Stunden kalt stellen. Vor dem Servieren nochmals probieren und eventuell noch einmal abschmecken. Mit einem Zweig Dill garnieren. Graved Lachs in 2 x 2 cm große Würfel schneiden und mit einem Spieß auf dem Rand der Suppentasse platzieren.

Hinweis: Für eine pikante Note sorgt am Schluss noch etwas Chili aus der Mühle.

Zutaten
für 4 Personen

1 Salatgurke
240 g Graved Lachs
500 ml Buttermilch
100 g Schmand
1-2 Knoblauchzehen
2 Frühlingszwiebeln
2 EL Zitronensaft
Salz und Pfeffer
aus der Mühle
1 Prise Zucker
1 Bund Dill
nach Belieben etwas Chili
aus der Mühle.
Als Garnitur wahlweise:
Blüten der Saison.

Zu Beginn und zum Abschluss
eines erfolgreichen Festes
ist Champagner – auch als Sorbet –
ein Zeichen der Wertschätzung
für die Gäste.

Champagnersorbet

Zucker und Wasser mischen und bei starker Hitze unter Rühren um die Hälfte zu einem Sirup reduzieren. Den Sirup abkühlen lassen, dann mit dem frisch ausgepressten Saft der Orangen und Zitronen vermischen.

Diese Mischung für etwa 10 Minuten ins Gefrierfach stellen. Den Champagner unterrühren und die Mischung in der Sorbetiere in der gewünschten Konsistenz fest werden lassen. Die Sorbetiere dazu ins Gefrierfach oder ins Gefriergerät stellen. Ist keine Sorbetiere vorhanden, wird die Grundmischung in einer dünnwandigen Edelstahlschüssel für mindestens 60 Minuten ins Gefrierfach des Kühlschranks gestellt. Dann in den Mixer geben und einmal kräftig durchrühren oder mit einem Schneebesen arbeiten. Wieder ins Gefrierfach stellen und den Vorgang nach etwa 30 Minuten wiederholen.

Das Sorbet sollte nun noch mindestens 30 Minuten durchkühlen. Wird es jedoch zu fest, kann man es unmittelbar vor dem Servieren noch mal durchmixen.

Das Sorbet in gut vorgekühlte Gläser füllen und nach Belieben mit einer frischen Johannisbeerrispe garnieren.

Zutaten
für 4 Personen

300 g Zucker
1/4 l Wasser
2 Orangen
2 Zitronen
1 Flasche
trockener Champagner
als Garnitur
frische Johannisbeeren

Jakobsmuscheln

in Champagnersauce

Zutaten
für 4 Personen

16 frische Jakobsmuscheln mit Rogen
3 Schalotten
50 g Butter
1/2 Flasche trockener Champagner
Salz
Cayennepfeffer
3 Eigelb
100 ml Crème fraîche
einige Kerbelstängel

Jakobsmuscheln gründlich unter fließendem Wasser abspülen, abtropfen lassen und die Rogen von dem Muschelfleisch trennen, den Muskel entfernen.

Die Schalotten schälen und fein hacken. Butter in einem großen Stieltopf aufschäumen lassen, sie darf aber nicht bräunen. Den Schaum abheben. Schalotten bei ganz schwacher Hitze glasig werden lassen.

Von dem Champagner 6 Esslöffel abnehmen, den Rest zu den Schalotten geben. Mit etwas Salz und einer Spur Cayennepfeffer würzen, die Muscheln mit dem Rogen hineingeben, alles aufkochen und 1 Minute kochen lassen. Die Muscheln dann herausnehmen. Den Fond durch ein Sieb gießen und bei starker Hitze um die Hälfte einkochen lassen.

Eigelb mit dem restlichen Champagner verquirlen und bei mäßiger Hitze schaumig aufschlagen. Nach und nach den Fond und die Crème fraîche zufügen, dabei ständig rühren, die Sauce aber nicht aufkochen lassen. Die Sauce mit Salz und Cayennepfeffer nachwürzen. Die Muscheln wieder hineingeben, erhitzen und rasch in einer vorgewärmten Schüssel anrichten. Mit abgespülten, trocken getupften Kerbelblättchen garnieren.

Dazu Wildreismischung oder ofenfrisches Baguette reichen.

Gault&Millau
Chardonnay
Weingut Fritz Waßmer, Baden
Ein weiterer Augapfel in der Kollektion ist der Chardonnay, wobei sich hier schon die „einfache" Qualität bestens, da ungemein harmonisch ausgebaut, bewährt.

Jakobsmuscheln in Champagnersauce. Das französische Original wird mit dem Muschelrogen serviert.

Hummer
à l'Amoricaine

Einen ausreichend großen Topf mit gesalzenem Wasser füllen und stark kochenlassen. Die beiden Hummer nun mit dem Messer von oben hinter dem Kopf (Nackenstich) durch einen kräftigen, schnellen großen Stich mit 4 - 5 cm breitem Messer töten.

Dann sofort für 4 Minuten in das kochende Wasser geben. Damit die Temperatur nur wenig absinkt, den Deckel sofort schließen. Die Hummer nach dem Herausnehmen kurz abschrecken und abkühlen lassen.

Die Hummer nun auf ein Arbeitsbrett (Kunststoff mit Auffangrinne) drücken und am Kopf beginnend längs zerteilen und so halbieren.

Die ganze cremige Masse aus dem Körper und ggf. den Corail entnehmen und zusammen mit dem beim Zerlegen austretenden Saft zur weiteren Verwendung aufbewahren. Den Darm aus dem Hummerschwanz entfernen. Nun die Scheren vom Körper abdrehen und leicht mit einem großen, scharfen Messer anschlagen, dass die Schale bricht. Die Schwanzhälften mit der Gabel aus der Karkasse lösen.

Das Traubenkernöl in einer Pfanne erhitzen und die Hummerteile scharf anbraten. Anschließend mit dem Cognac flambieren. Die klein geschnittene Gemüsegarnitur dazugeben und unterrühren. Kurz weiterbraten, dann das Tomatenmark vermischen und mit etwas Mehl bestäuben. Nun alles im Backofen bei 190° C Ober- und Unterhitze (Umluft 170° C) ca. 20 Minuten trocknen und anbräunen lassen.

Nach dem Backofen erst den Estragon, Salz und etwas Cayenne Pfeffer beigeben.

Ablöschen mit der Gemüsebrühe und dem Wein. Bei mittlerer Flamme 30 Minuten köcheln lassen.

Die Hummerteile über ein Sieb von der Sauce trennen. Die Sauce mit den aufbewahrten Hummer-Innereien verrühren und sie im Topf bei hoher Temperatur 5 Minuten reduzieren lassen. Der noch dunkle Hummerrogen mit den anderen Körperinnereien und Säften unter die Crème fraîche vermengen.

Falls die verwendeten Hummer kein Corail enthalten, kann man die Cremigkeit der Sauce auch mit 2-3 roh unter die dicke Sahne eingerührte Eigelbe herstellen. Noch mal alles durch ein feines Sieb passieren. Vorsicht: Die Sauce darf nach dieser Legierung dann nicht mehr kochen. Noch mal kurz abschmecken, auch mit dem Cognac.

Die 1/2 Hummerschwänze und Scheren noch kurz darin auf Temperatur bringen und auf warmen Tellern anrichten.

Dazu kann man, aber muss man nicht, etwas Reis geben oder auch nur frisches Baguette reichen. Bitte Saucenlöffel nicht vergessen. Guten Appetit!

Dieses Gericht war Familientradition: Bretonischer Hummer à l'Amoricaine mit der typischen Corail-Butter-Sauce. Nach der aufwendigen Zubereitung belohnt man sich hier mit kulinarischem Hochgenuss!

TIPP VON SOPHIE HUMMEL & FRANZ KELLER Die Sternelegende schwört auf bretonischen Wildfang-Hummer, da er an der Atlantikküste beste Voraussetzungen vorfindet. Amor bzw. Amorique ist übrigens die keltische Bezeichnung für die Küstenregion der Bretagne und bedeutet „Land am Meer".

Zutaten
für 4 Portionen

2 bretonische oder europäische Atlantik-Hummer, Gewicht zwischen 800 g bis 1 kg

Salz

30-50 g Crème fraîche für die Bindung des Corail, des Hummerrogens

Garni-Gemüse zur Herstellung der Sauce

1/2 Knoblauchzehe, geschält

Etwas Stangensellerie, Fenchel und Karotte

1 Tomate

etwas frischen Estragon

2-3 Hummerkarkassen und Vorderkörper (vom letzten Mal oder dazugekauft)

100 ml Traubenkernöl

20 g Butter

1 Prise Cayennepfeffer

3/4 l trockenen Weißwein

500 ml Gemüsebrühe

1/2 Esslöffel Mehl für eine leichte Vorbindung

1/2 Esslöffel Tomatenmark

6 cl Cognac, eine Hälfte zum Flambieren der angesetzten Karkasse, die andere Hälfte zum Verfeinern der Sauce am Schluss

Gault&Millau
Gutedel „Jaspis"
Weingut Ziereisen, Baden

Der wohl kraftvollste und komplexeste Gutedel, Hanspeter Ziereisen's Meisterstück, der aktuell zwischen Genf und Freiburg erzeugt wird ist, der kongeniale Begleiter dieses kraftvollen Krustentier-Gerichts.

Seezunge

in Butter mit Petersilien-Kartoffeln

Zutaten
für 2-4 Personen

2 Seezungen (mit Haut ca. 300 g) / alternativ: Bachforelle
1 Bund Krause Petersilie
300 g mehlige Kartoffeln
1 Zitrone
250 g Butter
Grobes Meersalz
Feines Meersalz
Weißer Pfeffer aus der Mühle
Mehl (falls man den Fisch mehlieren möchte!)
1 Baguette

Kartoffeln schälen, je nach Größe vierteln oder halbieren und mit kaltem Wasser bedecken. 1 Prise Meersalz zugeben und aufköcheln lassen, bis sie mit einem Gabeltest weich sind. Wasser abschütten. Leicht bodendeckend Wasser im Topf lassen. Kurz vor dem Servieren zimmerwarme Butter (ca. 80-100 g) im Topf zergehen lassen, grob gehackte Petersilie dazugeben und nochmals schwenken.

Seezunge in Butter

Seezunge vorbereiten: Haut vom Schwanz her abziehen. Kopf abschneiden und ausnehmen. Die äußeren Flossen mit einer Schere entfernen. Auch hier bitte vom Schwanz zum Kopf schneiden. Salzen, etwas pfeffern und nur leicht mehlieren oder auch nicht. Je nach Gusto. Pfanne heiß werden lassen, 125 g Butter dazugeben. Schmelzen lassen. Sobald die Butter schäumt, Seezunge dazugeben. Vorsicht: Butter darf nicht zu braun werden. Die Pfanne sollte genügend Platz für beide Seezungen haben. Von beiden Seiten schön bräunen lassen. Messertest: Um zu testen, ob die Seite perfekt gebraten ist, mit einem Messer von der Mittelgräte das Filet (dickste Stelle) versuchen leicht anzuheben – ist das möglich, ist der Fisch von dieser Seite gar. Fisch wenden und das Gleiche von der anderen Seite noch einmal wiederholen. Fertige, schön gebräunte Seezungen werden auf einem vorgewärmten Teller (ca. 45-50° C) angerichtet. Nun unter Hitze die restliche Butter in die Pfanne geben, aufschäumen lassen und Zitronensaft hinzufügen. Das Rezept kann als kleiner Zwischengang oder Hauptgang serviert werden.

Am besten die Kartoffeln in der Schlüssel servieren. Zur Seezunge gerne Baguette-Brot reichen, um die köstliche Zitronenbutter damit aufzunehmen.

Gault&Millau
Chardonnay „Schlossberg" GG
Bernhard Huber, Malterdingen
Das Edelste, was dieses Weltklasse-Gut hervorbringt, zum wohl feinsten Seefisch überhaupt.

Seezunge in Butter mit Petersilien-Kartoffeln – ein leichtes Fischgericht für eine lange Ballnacht.

Pochierter Steinbutt

mit Beurre Blanc & Lauchgemüse

Fischfond mit gesäuberten und gewässerten Steinbuttkarkassen, Butter, Weißwein in einen Topf geben. Das Gemüse, den Knoblauch und die Schalotte schälen und fein gewürfelt hinzufügen. Aufkochen lassen. Salz und Pfeffer dazugeben. Steinbuttfilets salzen, leicht pfeffern und in den Fond hineinlegen. Kurz aufkochen lassen und sofort vom Herd nehmen. Bei Restwärme ca. 4 Minuten leicht pochieren lassen, bis die Filets gar sind. Sie sollten glänzend weiß, aber immer noch leicht fest sein. Abgießen und mit etwas Salz abschmecken.

Lauchgemüse

2 Lauchstangen waschen, trocken tupfen und in dünne Streifen schneiden. 1 Schalotte fein würfeln. 1 EL Butter in einer Pfanne schmelzen lassen. Rohen, fein gewürfelten Lauch mit der Schalotte, Salz und Pfeffer hinzugeben. Mit etwas Weißwein ablöschen und kurz aufköcheln lassen. Fertig.

Beurre Blanc

Schalottenwürfel in der Butter ohne Farbe anschwitzen. Mit Wein, Fond und Essig ablöschen, bei starker Hitze auf etwa 70 ml einkochen. Dann durch ein feines Sieb gießen. Unmittelbar vor dem Servieren wieder aufkochen, mit Salz und Pfeffer würzen und die in kleine Würfel geschnittene eiskalte Butter mit dem Schneebesen unterrühren. Die Sauce nicht mehr kochen lassen – ggfls. kurz vor dem Servieren noch mit dem Stabmixer aufschäumen.

Zutaten
für 4 Personen

Steinbutt
800 g Steinbuttfilet
1 kg Steinbuttkarkassen
1 Schalotte
50 g Knollensellerie
1 Knoblauchzehe
1 Karotte
1 Stange Lauch (für den Fond nur das Weiße verwenden!)
40 g Butter
150 ml Weißwein
500 ml Fisch- oder Kalbsfond
Salz
Pfeffer aus der Mühle

Lauchgemüse
2 große Stangen Lauch
1 Schalotte

Beurre Blanc
1 Schalotte
200 ml Weißwein (trocken, z.B. Weißburgunder oder Riesling)
1 EL Weißweinessig
60 ml Fischfond
200 g kalte Butter (gewürfelt)
1/2 Zitrone
Meersalz & schwarzer Pfeffer

Gault&Millau
Chardonnay
Meursault „Les Tillets"
Domaine Jean Javillier, Frankreich
Die nussig buttrige Aromatik dieses feingliedrigen Meursaults vom Bio-Pionier Alain Javillier ist wie eine Umarmung für den Fischsaucen-Klassiker schlechthin.

TIPP VON SOPHIE HUMMEL & FRANZ KELLER Bocuse-Schüler und erster deutscher Sterne-Koch. Steinbutt wird nach Größen klassifiziert. Von Babysteinbutt sollte man Abstand nehmen und stattdessen zum hochwertigeren „Hotelsteinbutt" greifen. Einen Wildfang-Steinbutt zeichnet die schneeweiße Bauchpartie aus.

Steinbutt – ein Edelfisch, und mit der aufgeschäumten Sauce Beurre Blanc ein einzigartiges Geschmackserlebnis!

Nur das Beste für die Gäste – das Double-Filet vom Rind machte alle Bambi-Gäste glücklich.

TIPP VON SOPHIE HUMMEL & FRANZ KELLER Zur Herstellung der fein gemahlenen Gewürzmischung eignet sich auch eine ausgediente Kaffeemühle. Und für die Béarnaise können statt flüssiger Butter gekühlte Würfel von Salzbutter verwendet werden, die man im Wasserbad peu à peu mit dem Schneebesen unterschlägt. Die Soße wird dadurch cremiger.

Chateaubriand

mit Sauce béarnaise

Fleisch wenn nötig entsehnen bzw. Silberhaut entfernen. Auch die „Filetkette" entfernen, falls diese mitgekauft wurde. Die Stücke sollten mindestens 1 Stunde vor dem Braten schon aus dem Kühlschrank herausgenommen werden. Das Fleisch nun mit der feinst gemörserten Gewürzmischung einreiben. Das Butterschmalz erst in letzter Sekunde in die, vorher trocknen, stark erhitzte Pfanne (am besten Guss- oder Schmiedeeisen) geben. Direkt die beiden doppelten Filetsteaks darin auf jeder Seite 1-2 Minuten stark anbraten lassen.

Die Hitze reduzieren und die Steaks pro Seite noch etwa 7 Minuten braten. Dann sind die Filets in der Regel innen noch leicht „blutig". Bitte hier einen Kerntemperaturmesser verwenden. Die Temperatur sollte im Kern des Fleisches 50° C nicht überschreiten. Danach das Fleisch in dem mäßig warmen Backofen (auch hier max. 50° C!) ruhen lassen. Es kann so leicht bis zu 40 Minuten liegen.

Die Brunnenkresse verlesen, putzen und sehr sorgfältig waschen. Dann trocken schleudern.

Die Filetsteaks quer zur Faser aufschneiden und auf den vorgewärmten Tellern anrichten. Mit der frischen Brunnenkresse garnieren und servieren.

Dazu eine Sauce béarnaise, Prinzessbohnen und neue, gebackene Kartoffeln oder Kroketten reichen.

Hinweis: Man kann Chateaubriand auch auf dem Holzkohlengrill oder unter dem Elektrogrill zubereiten. Dann beträgt die Grillzeit pro Seite 5 bis 6 Minuten, zwischendurch soll das Fleisch hin und wieder mit heißem Butterschmalz oder heißer, geklärter Butter bestrichen werden.

Sauce béarnaise

Reduktion mit Estragonstielen, Pfefferkörnern und der grob gewürfelten Schalotte ansetzen. Essig und Weißwein dazugießen und aufkochen lassen. Das Ganze auf die Hälfte einkochen lassen, absieben und abkühlen lassen. Butter zerlassen, in lauwarmem Zustand halten.

Die Eigelbe mit der abgekühlten Reduktion im heißen, aber nicht kochenden Wasserbad mit dem Schneebesen glatt und feinschaumig aufschlagen, bis die Masse dick steht. Nun die lauwarme flüssige Butter zuerst tröpfchenweise, danach in einem dünnen Strahl unter die Eigelbmasse schlagen, so dass eine sämige Sauce entsteht. Falls die Sauce zu fest wird, einfach etwas Weißwein einrühren. Im Wasserbad mit Salz, Cayennepfeffer und Zitronensaft abschmecken. Nun viele Estragonblätter klein gehackt unter die Sauce rühren und sofort servieren.

Zutaten
für 4 Personen

Chateaubriand
2 doppelte Filetsteaks von je ca. 400 g (aus der Mitte des Rinderfilets geschnitten)
75 g Butterschmalz
1 großes Bund Brunnenkresse
Gewürzmischung im Mörser: Jeweils 1 Teelöffel schwarzer Pfeffer, Kümmel und Koriandersamen in einer Pfanne trocken rösten, um die Aromen zu fördern. Dann fein mörsern und zu gleichem Teil (Gewicht) feines Steinsalz untermischen.

Sauce béarnaise
1 Schalotte
10 Pfefferkörner
3 EL Estragonessig
1/4 l trockener Weißwein, z.B. Weißburgunder
Zitrone
250 g Butter
5 Eigelb
Salz
Cayennepfeffer
1 Bund Estragon und wahlweise: 1/2 Bund Kerbel
Wasserbad

Gault&Millau
Chateauneuf du Pape
Domaine Charvin, Frankreich
Einer der seltenen Chateauneufs aus der Rebsorte Grenache, und das zu 100 %, das hat viel Eleganz und Feuer zugleich.

Im idyllischen badischen Weinort Durbach wächst die Rebsorte „Traminer" vortrefflich. Der daraus gewonnene Wein veredelt jede Weincrème immer wieder aufs Neue.

Durbacher Weincrème
vom Traminer

Die zusammengerollten Gelatineblätter in kaltem Wasser gut einweichen.

Von dem Riesling 3 Esslöffel abnehmen und die Speisestärke damit glatt rühren. Den übrigen Riesling mit dem Zucker aufkochen, die Speisestärke einrühren und noch mal aufkochen lassen. Vom Herd nehmen, mit den Eigelb legieren und die ausgedrückte Gelatine darin auflösen. Die Mischung durch ein feines Haarsieb gießen und erkalten lassen.

Sahne steif schlagen und zusammen mit dem Gewürztraminer unter die Crème rühren. Wenn die Crème gerade beginnt fest zu werden, das mit etwas Zitronensaft zu steifem Schnee geschlagene Eiweiß locker, aber gründlich unterziehen, so dass eine glatte Crème entsteht. In vier vorgekühlte Glasschalen füllen und im Kühlschrank steif werden lassen. Mit Rispen von roten Johannisbeeren, Minze und nach Belieben Zitronenzesten garnieren.

Die Crème mit einem Mokka oder Espresso und Gebäck servieren.

Variante: Weincrème (klassische Art)
Die zusammengerollte Gelatine in kaltem Wasser einweichen.

3 Eier trennen und das Eiweiß zugedeckt in den Kühlschrank stellen. Eigelb mit den restlichen Eiern in eine dünnwandige Edelstahlschüssel geben.

Die Limette unter lauwarmem Wasser abbürsten, abtrocknen und die Schale abreiben. Limette auspressen und den Saft beiseitestellen. Die Schale mit dem Zucker zu den Eiern geben und alles schaumig rühren. Wein und Vanillemark zugeben und die Mischung im heißen Wasserbad dickcremig aufschlagen.

Die tropfnasse Gelatine in einem Stieltöpfchen bei mäßiger Hitze auflösen und in die Crème rühren. Diese in eine Schüssel mit Eiswasser setzen und kalt schlagen. Wenn die Crème eben anzuziehen beginnt, Limettensaft, Grand Marnier und Orangenblütenwasser unterrühren.

Das Eiweiß mit Salz zu schnittfestem Schnee schlagen und unterziehen. Von der Sahne etwa 1/8 abnehmen und wieder in den Kühlschrank stellen. Die übrige Sahne steif schlagen und mit dem Schneebesen locker unter die Crème mischen. Diese mit Klarsichtfolie bedeckt zum Erstarren in den Kühlschrank stellen. Unmittelbar vor dem Servieren die restliche Sahne steif schlagen und in einen Spritzbeutel mit Sterntülle füllen. Die Limettenscheiben bis in die Mitte durchschneiden.

Die Weincrème mit einem großen Löffel portionsweise abstechen, auf Dessertteller geben. Mit Sahnetupfern und den leicht gedrehten Limettenscheiben garnieren.

Zutaten
für 4 Personen

Durbacher Weincrème
3 Blatt weiße Gelatine
375 ml trockener Riesling
1 gestr. EL Speisestärke (10 g)
90 g Zucker
3 Eigelb
250 ml süße Sahne
50 ml Gewürztraminer (Auslese)
2 Eiweiß
einige Tropfen Zitronensaft

Als Garnitur:
rote Johannisbeeren
in Schokolade getaucht
Minze und nach
Belieben Zitronenzesten

Weincrème (klassische Art)
6 Blatt weiße Gelatine
6 Eier
1 unbehandelte Limette
150 g Zucker
1/2 l halbtrockener Weißwein
ausgeschabtes Mark
einer halben Vanilleschote
6 cl Grand Marnier
2 EL Orangenblütenwasser
1 Prise Salz
500 ml gut gekühlte süße Sahne
10 hauchdünne Limettenscheiben

Gault&Millau
**Traminer Auslese,
Durbacher Plauelrain**
Weingut Andreas Laible, Baden
Diese rosenduftige, mit feiner Süße ausgestattete Spezialität ist ein Augapfel im großen Sortiment von Durbachs Spitzenwinzer Andreas Laible.

In der Stadt der Liebe und der Mode:
Aenne und Franz Burda Ende der sechziger Jahre in Paris.

Frau von Welt

Wie sie im Ausland Erfolge feierte und kulinarische
Andenken nach Hause brachte

Badische Jetsetterin

Eine Villa in Antibes, ein alpenländisches Prachthaus im Salzburger Land und Reisen in ferne Länder – Aenne und Franz Burda wussten, wo die Welt am schönsten ist. In den 1960er Jahren lockte die Côte d'Azur, Treffpunkt des Jetsets. Gunter Sachs turtelte mit Brigitte Bardot in Saint-Tropez, und Aenne und Franz gönnten sich ein Feriendomizil am Boulevard du Cap d'Antibes. Die Villa im südfranzösischen Stil lag in einem großen, blühenden Garten mit Blick aufs Meer. Hier empfingen Burdas gerne Gäste, feierten 1971 fünf Tage lang mit Freunden und Familie ihren 40. Hochzeitstag. Sie unternahmen Bootsfahrten zu den Îles de Lérins, nahmen einen Drink auf der Terrasse des „Ritz-Carlton" an der Croisette in Cannes oder gingen essen im Restaurant „Tétou" am Strand von Golfe-Juan. Aenne shoppte in Juan-les-Pins oder bummelte über den Markt von Antibes. „Ein Zweithaus ist Luxus", wusste Aenne Burda, „wenn ich mir den leisten kann, gut, wenn nicht, kann ich ihn weglassen."

Das Wirtschaftswunder-Ehepaar Burda gönnte sich den Komfort mehrerer Häuser. Seit Franz Burda den österreichischen Pressevertrieb Waldbaur 1967 übernommen hatte, zog es das Paar immer wieder nach Salzburg. Der Senator liebte die ländliche Idylle im Schatten des Untersbergs, fröhnte der Jagd, genoss Heurigen und Schrammelmusik. Aenne war vom barocken Charme der Mozartstadt fasziniert, dieser Freiluftbühne zwischen Felsen und Fluss, auf der es mehr Barone, Fürsten und Grafen gab als Eisenbahner im Offenburg ihrer Kindheit. „Grüß Gott, gnä' Frau! Küss die Hand, gnä' Frau!" Süß und rezepttreu wie eine Mozartkugel wandete sich die Stadt an der Salzach in Rosé und Lindgrün. Selbst die Polsterbezüge im Traditionshaus „Goldener Hirsch" in der Getreidegasse trugen die Farben der Trachtenjacken. Silvia und Carl Gustav von Schweden, Richard Nixon und selbst die englische Königin waren hier schon zu Gast. Und natürlich Ausnahmedirigent Herbert von Karajan, der in Anif, eine der flächenmäßig kleinsten, aber reichsten Gemeinden im Salzburger Land, wohnte. Er ließ sich hier regelmäßig Geselchtes mit Sauerkraut und Leberknödeln schmecken.

Aenne und Franz Burda zählten zu den enthusiastischen Verehrern des Maestros, und 1977 kaufte der Senator ein Grundstück in seiner Nachbarschaft. Die Einweihungsfeier ihres Hauses zwei Jahre später war ein voller Erfolg. Nicht nur Aenne und Franz, auch ihre Gäste fühlten sich hier sehr wohl. Immer wieder luden Burdas zu Hauskonzerten, mal einer musikalischen Soirée mit dem Salzburger Ensemble Tobias Reiser, dann zu einem Konzert mit Milena Rudiferia von der Wiener Volksoper. Es gab Essen zu Ehren von Kammersängerin Edda Moser, Sonia und Willy Bogner waren zu Gast, Joachim Fuchsberger, Helmut Schmidt, Hans-Dietrich Genscher, Walter Scheel, Peter Handke sowie Mitglieder des Internationalen Deutschen Clubs des Fürstentums Monaco und, und, und ...

Aenne war wie immer strahlender Mittelpunkt. Die 200-prozentige Gastgeberin sorgte stets für eine gelungene Mischung der Gäste aus Aristokratie und Jetset. Als Tischkarten wählte sie zum Beispiel kleine Silberrahmen mit den Porträts der Geladenen. Ein andermal waren geschliffene Glasherzen das Gastgeschenk. Am meisten aber beeindruckte die Grande Dame mit ihrem trockenen Humor. So hatte sie eines Abends auch eine feine Dame der Münchner Gesellschaft eingeladen, die frisch geliftet und, wie die übrigen Gäste tuschelten, mit „einem Mund wie ein Entenschnabel" erschien. Aenne Burda, selbst zweimal in Sachen Schönheit operiert, kommentierte mit einem unüberhörbaren: „Quak, quak, quak".

Gartenparty in Monaco
9. Mai 1972

Mein schöner Garten: Mit einer Gartenparty in Monaco feiert der Senator sein neues Blatt. Links Aenne Burda mit weiteren Gästen, Senator Franz Burda (rechts) mit Fürstin Gracia Patricia von Monaco (links daneben).

Salzburger Festspiele: Aenne Burda mit Eliette von Karajan, der Witwe des Dirigenten Herbert von Karajan und angesehene Kunstmäzenin.

Côte d'Azur: Blick in den Garten des Familiendomizils „Artemis" am Boulevard du Cap d'Antibes.

1973: Aenne Burda und Max Schmeling stoßen auf die ihnen gewidmeten Rosenzüchtungen an.

1952: Rosen-Corso in Baden-Baden, der Preis galt Frau und Auto.

Gern gesehener Gast:
Aenne bei einem
Unternehmerfreund
in Baden-Baden.

Aenne Burda
vor ihrem seltenen
VW Hebmüller Cabrio.

Palatschinken

mit Kirschen

Sauerkirschen abtropfen lassen und mit dem Kirschwasser vermischt 20 Minuten durchziehen lassen. Danach mit Rotwein und Zucker zum Kochen bringen.

Die Speisestärke mit dem Kirschsaft verrühren, mit den Kirschen vermischen und alles noch einmal aufkochen lassen. Beseitestellen. Mehl in eine Schüssel sieben. Unter Rühren mit den Rührstäben in einem dünnen Strahl Milch und Sahne einlaufen lassen. Eigelb, Ei, Vanillezucker und Salz zugeben und unterrühren.

In einer schweren Pfanne von etwa 16 cm Durchmesser immer nur so viel Butter zerlassen, dass der Boden von einem dünnen Film bedeckt ist. Etwa 4 EL voll Teig für jede Palatschinke hineingeben. In etwa 2 Minuten auf einer Seite braun braten, dann wenden und die zweite Seite bräunen. So lange warm halten, bis alle Palatschinken fertig sind.

Kirschen wieder erwärmen. Palatschinken zusammengerollt auf Desserttellern mit Kirschen anrichten und rasch servieren.

Hinweis: Immer wieder werden Palatschinken als österreichische Spezialität bezeichnet. Tatsächlich aber stammen diese hauchzarten Köstlichkeiten aus Ungarn, wo sie als „Palacsinták" auf den Speisekarten stehen. Dank der Verbindung beider Länder unter der k. u. k. Monarchie haben sie aber einen festen Platz in der süßen Küche Österreichs gefunden. Es gibt kaum eine Füllung, die sich nicht von dem papierdünnen Teig umhüllen lässt: Aprikosenmarmelade und gehackte Nüsse oder Mandeln, feinste Quarkmasse, lockere Cremes, Mohnsahne, mit Nüssen gemischte Sahne und vieles mehr. Oftmals werden sie mit geschmolzener Schokolade umgossen.

Palatschinken mit Kirschen – ein Klassiker unter den österreichischen Mehlspeisen!

Zutaten
für 4 Personen

200 g entsteinte Sauerkirschen aus dem Glas
3 cl Kirschwasser
125 ml Rotwein
1 EL Zucker
1 gestrichener TL Speisestärke
6 EL Kirschwasser aus dem Glas
125 g feines Weizenmehl
125 ml Milch
125 ml süße Sahne
2 Eigelb
1 Ei
1 Päckchen Vanillezucker
1 winzige Prise Salz
Butter zum Braten

Gault&Millau
Sparkling Brut
Shelter Winery, Baden
Hans-Bert Espe und Silke Wolf erzeugen heute die feinsten Schaumweine Badens, ideal zum Auftakt oder auch zum süßen Finale eines festlichen Menüs.

Wiener Schnitzel

Das Original

Zutaten
für 4 Personen

4 dünne Kalbsschnitzel
(à 150 g)
400 g Semmelbrösel
2 Bio-Eier
50 g Mehl
Butterschmalz
Garnitur:
Zitronenscheibe,
Sardelle, Kapern
und Petersilie

Eier aufschlagen und nur leicht verquirlen. Dann Mehl, verquirlte Eier und Semmelbrösel jeweils getrennt auf drei flache Teller geben. Das Kalbfleisch waschen, trocken tupfen, mit Klarsichtfolie bedecken und mit einem Fleischklopfer (ohne Zacken) flachklopfen und würzen. Butterschmalz in zwei ausreichend großen Pfannen erhitzen. Dann Schnitzel nacheinander in Mehl, Eier und Brösel wenden. Panade nicht zu fest andrücken, damit sie im Butterschmalz schön aufgehen (soufflieren) kann. Die Schnitzel nun im heißen Bratfett von jeder Seite ca. 3-4 Minuten ausbacken. Pfanne dabei ab und zu schwenken und die Schnitzel öfters mit dem heißen Butterschmalz übergießen. Zum Abtropfen das Fleisch auf Küchenpapier legen. Für die Garnitur: Sardelle rollen, mit Kapern füllen, auf Zitronenscheibe legen und mit Petersilie garnieren. Als Beilage eignen sich Kartoffelsalat und Preiselbeeren.

Hinweis: Damit die frittierte Panade vom Körper besser aufgenommen werden kann, wurde die „Zitronen-Sardelle mit Kapernfüllung" zur Standardgarnitur des Wiener Schnitzels. Alternativen zur Brötchenpanade sind Kartoffelchips-, Cornflakes- oder Briochebrösel.

Gault&Millau
Grüner Veltliner „Smaragd"
Weingut Rudi Pichler, Österreich

Das feine „Pfefferl", welches die Nase dieses gehaltvollen Wachauers prägt, tanzt auf den Aromen von buttriger Panade und Zitrus.

Richtig zubereitet ist es für jede Restaurantküche ein Gütesiegel: das Wiener Schnitzel! In Salzburg genoss es Aenne Burda mit Vorliebe im Restaurant „Goldener Hirsch" nach dem Konzertbesuch. Serviert auf Aenne Burdas Lieblingsgeschirr von KPM Berlin.

Ob Quark oder Topfen – ganz egal wie man sie nennt, diese Knödel, mit Zwetschgenröster serviert, lassen jeden Gaumen frohlocken.

Topfenknödel
mit Zwetschgenröster

Quark in ein Küchentuch geben und kräftig ausdrücken, so dass er etwa 50 g Flüssigkeit verliert.

Ei und Eigelb mit dem Vanillezucker schaumig rühren. Das Mehl darübersieben, den Quark und die Zitronenschale zugeben und alles zu einem festen Teig verkneten. Die Biskuits zwischen zwei Bögen Pergamentpapier oder Klarsichtfolie mit der Teigrolle zerbröseln. 30 g Biskuitbrösel unterarbeiten und den Teig 10 Minuten bei Zimmertemperatur ruhen lassen. Dann mit befeuchteten Händen zu walnussgroßen Knödeln formen.

Reichlich Salzwasser aufkochen. Die Knödel einlegen. Nachdem sie aufgestiegen sind, noch ca. 10 Minuten weitersimmern lassen.

Die Butter in einer Pfanne erhitzen und die restlichen Brösel darin goldgelb rösten. Das Zwetschgenkompott mit dem Zwetschgenwasser vermischen.

Die Topfenknödel mit einem Schaumlöffel aus dem Wasser heben und sehr gut abtropfen lassen. Dann in den heißen Bröseln wenden. Knödel zusammen mit Zwetschenröster servieren.

Hinweis: Zwetschgenröster nennt man in Österreich ein Kompott, das aus 2 Teilen Frucht (Spätzwetschgen) und 1 Teil Zucker bereitet wird. Die Früchte werden so lange gekocht, bis sie glasig sind. Nach Belieben kann das Kompott mit etwas Zitronenschale, Zimt oder Nelken gewürzt werden. Im Allgemeinen wird es für den Winter eingekocht, man reicht es aber auch frisch zubereitet zu Kaiserschmarrn, Knödeln aller Art und Grießnudeln

Zutaten
für 4 Personen

600 g Topfen / Quark 40% Fettstufe
1 Ei
2 Eigelbe
2 Päckchen Vanillezucker
90 g Mehl
abgeriebene Schale einer halben, unbehandelten Zitrone
Salz
110 g „alte" trockene Biskuitbrösel
60 g Butter
etwa 600 g Zwetschgenröster (Zwetschgenkompott)
3 cl Zwetschgenwasser

Gault&Millau
Moscato Rosa
Franz Haas, Italien
Der Rosenmuskateller von Franziskus „Hamlet" Haas gehört zu den mystischsten Süßweinen der westlichen Welt und entführt mit seinem magischen Duft den Genießer auf die Seidenstraße.

Marillenknödel

Zutaten
für 4-6 Personen

500 g Quark
40% Fettstufe
60 g Mehl
1 Ei
2 Eigelbe
abgeriebene Schale einer unbehandelten Zitrone
ausgeschabtes Mark einer halben Vanilleschote
100 g altbackene Biskuitbrösel
12 große, reife Aprikosen (Marillen)
12 Stücke Würfelzucker
Prise Salz
80 g Butter

Quark in einem Küchentuch kräftig ausdrücken, in eine Schüssel geben und das Mehl darübersieben. Ei, Eigelb, Zitronenschale und Vanillemark zufügen und alles mit den Knethaken des Handrührgeräts zu einem festen Teig verarbeiten. 60 g der Biskuitbrösel unterheben und die Masse 15 Minuten ziehen lassen.

Die Aprikosen waschen, gründlich abtrocknen und an den „Nahtstellen" aufschneiden. Die Steine entfernen und stattdessen 1 Stück Würfelzucker in jede Aprikose geben.

Den Teig nun mit feuchten Händen zu 12 etwa handtellergroßen Fladen formen, mit je einer Aprikose belegen und daraus Knödel drehen.

Wenn das reichlich Salzwasser zu kochen beginnt, die Knödel einlegen und 15 Minuten ganz leise köcheln lassen.

In der Zwischenzeit die restlichen Biskuitbrösel in zerlassener Butter goldbraun rösten. Die Marillenknödel mit einem Schaumlöffel aus dem Wasser heben, gut abtropfen lassen und in den Bröseln wenden. Auf vorgewärmten Tellern anrichten und mit der restlichen Bröselbutter begießen. Wer mag, kann zusätzlich noch Zimt-Zucker über die Brösel streuen.

Gault&Millau
Durbacher Schloss Grohl Scheurebe Auslese,
Wolff-Metternisch'sches Weingut, Baden

Wie ein Spaziergang durch einen Obstgarten, dieser Wein ist legendär und gehört mit den 1960er Jahrgängen bis heute zum Allerbesten, was man aus dieser Rebsorte zaubern kann.

Wenn man keine frischen Marillen (Aprikosen) findet, greift man saisonunabhängig zur Marillenmarmelade.

Zaubert Ihre Urlaubserinnerung zurück:
Avocado mit Garnelensalat –
die mediterrane Vorspeise mit „Blick aufs Meer"!

Avocado
mit Garnelensalat

Garnelen kurz kalt abspülen, abtropfen lassen und auf einer dicken Lage Haushaltspapier auf einem Kunststoffbrett ausbreiten. Vorsichtig trocken tupfen. Die Hälfte der Garnelen zum Garnieren beiseitestellen, den Rest nicht zu fein hacken.

Das Ei schälen und würfeln. Sellerie und Paprikaschote putzen, waschen und abtrocknen. Dann ganz fein schneiden. Die Sahne halbsteif schlagen, mit Crème fraîche und Mayonnaise zu einer glatten Sauce verrühren und nach Belieben mit Worcestersauce, Chilisauce, Salz und Zitronensaft abschmecken. Die vorbereiteten Salatzutaten mit der Sauce vermengen.

Die Avocados halbieren und die Kerne herauslösen. Die Schnittflächen rasch mit Zitronensaft einpinseln, damit sich das Fruchtfleisch nicht dunkel verfärbt. Den Salat in die Avocados geben. Kerbel abspülen, trocken tupfen und zu Sträußchen zerzupfen. Die zurückbehaltenen Garnelen auf dem Salat anrichten und mit Kerbel garnieren.

Hinweis: Shrimps ist die englische und inzwischen auch bei uns gängige Bezeichnung für Hummerkrabben, eine große Garnelenart, die auch unter dem Begriff „Gambas" im Handel sind. Sie sind aber nicht zu verwechseln mit Scampi, den kleinen Meereskrebsen aus der Adria, die allerdings in vielen Gerichten statt Shrimps verwendet werden können.

Zutaten
für 4 Personen

2 reife Avocados
200 g Tiefsee-Garnelen
1 hartgekochtes Bio-Ei
1 Selleriestange
1/2 grüne Paprikaschote
4 EL süße Sahne
4 EL Crème fraîche
20 g Delikatessmayonnaise oder selbstgemachte Mayonnaise
Worcestersauce
Chilisauce
Salz
Zitronensaft
frischer Kerbel zum Garnieren

Gault&Millau

Rosé **
Weingut Alexander Laible, Baden

Alexander Laible's Rosé ** tanzt mit feinbeeriger Spätburgunder-Frucht sowohl mit den Garnelen wie auch durch seinen Schmelz mit der cremigen Avocado.

Oder

Sauvignon Blanc & Gris
Weingut Schloss Ortenberg, Baden

Dieser aromatische wie stoffige Sauvignon spielt sehr harmonisch mit diesem Vorspeisen-Klassiker.

Unschlagbar als leichter Mittagstisch – nur echt mit Bohnen, kleinen Kartoffeln und mit den dunklen „Olives de Nice".

Salade niçoise

Eier kochen, Wasser abgießen, abschrecken und schälen. Princess-Bohnen putzen, waschen und ca. 5 Minuten in Salzwasser kochen. Danach kurz in Eiswasser abschrecken. Salat putzen, waschen und abtropfen lassen. Tomaten waschen und in Scheiben schneiden. Thunfisch abtropfen lassen und in Stücke schneiden. Kartoffeln abgießen, abschrecken, pellen und in Scheiben schneiden. Mit Zwiebelringen, Gurken, Sardellen, Kapern und Oliven garniert servieren.

Für die Sauce: Essig mit Salz, Pfeffer verrühren. Öl darunterschlagen. Bis auf die Eier alle Zutaten mit der Sauce mischen. Eier achteln und auf den fertigen Salat geben und servieren.

Gault&Millau
Riesling Smaragd „Ried Schütt"
Emmerich Knoll, Österreich
Dieser ungemein dichte und dennoch zart gewobene Riesling von „Emme" Knoll begleitet dieses herrliche Sommer-Gericht auf ganz ideale Weise.

Zutaten
für 4 Personen

200 g kleine Kartoffeln (Sorte: La Ratte oder Bamberger Hörnchen)
2 Eier
200 g Princess-Bohnen
1 rote Zwiebel (in Ringen)
1 kleiner Kopf Römersalat
1 Dose Thunfisch natur, ohne Öl (ca. 135 g Abtropfgewicht)
2 Tomaten
1 kleine Salatgurke (in Halbmonde geschnitten)
Salz
Pfeffer aus der Mühle
6 EL Olivenöl
6 EL Rotweinessig oder Zitronensaft
4-6 Sardellenfilets
1 EL Kapern
80 g schwarze Oliven (vorzugsweise „Olives de Nice")
wahlweise 1 Knoblauchzehe

Muscheln in Rahmsauce

Muscheln unter fließendem Wasser gründlich abbürsten, dabei die Bartbüschel (Byssusfäden) entfernen. Offene Muscheln wegwerfen, sie sind nicht einwandfrei.

Den Wein und die Muscheln in einen großen Topf geben und bei starker Hitze 8 bis 10 Minuten zugedeckt kochen. Ab und zu den Topf rütteln. Muscheln, die sich dann nicht geöffnet haben, müssen ebenfalls entfernt werden.

Während die Muscheln kochen, die Schalotten schälen und die Champignons gründlich putzen. Beides hacken. Mit den abgestreiften Thymianblättchen und der Sahne in einen Topf geben.

Muscheln mit einer Schöpfkelle aus dem Sud heben, warm stellen. Sud durch ein mit einem Mulltuch ausgelegtes Sieb seihen und zu der Sahne gießen. Bei starker Hitze um die Hälfte reduzieren.

In der Zwischenzeit von den Muscheln die Oberschalen abbrechen und die Muscheln auf 2 großen hitzebeständigen Platten anrichten. Das Mehl mit der Butter verkneten.

Die Sahnemischung durch ein Sieb gießen, wieder erhitzen, dabei unter ständigem Rühren mit dem Schneebesen in kleinen Flocken die Mehlbutter zugeben. Wenn alle Mehlbutter verbraucht ist, die Sauce noch einmal kräftig durchkochen lassen. Dann mit Zitronensaft, Cayennepfeffer und eventuell etwas Salz nach Belieben abschmecken.

Sauce über die Muscheln gießen und diese für einige Minuten in dem auf 250° C Ober- und Unterhitze (Umluft 230° C) vorgeheizten Backofen überbacken. Rasch servieren.

Dazu ofenfrisches Baguette und einen Salat von Kopfsalatherzen in einer leichten Kräuter-Joghurt-Sauce servieren.

Zutaten
für 6 Personen

2 kg frische Miesmuscheln
1/4 l trockener Weißwein
weißer Pfeffer aus der Mühle
2-3 Schalotten
75 g helle Champignons
5 Zweige frischer oder getrockneter Thymian
3/8 l süße Sahne
1 EL Mehl
50 g Butter
Zitronensaft
Cayennepfeffer
eventuell etwas Salz

Gault&Millau
Château des Sarrins, Blanc Secret
Domaine des Sarrins, Frankreich
Die feine Süße dieses Gerichts begleitet der feine Weißwein des berühmten Champagner-Produzenten Bruno Paillard auf ideale Art und Weise.

Miesmuscheln sind mittlerweile in jedem Lebensmittelmarkt mit gut sortierter Fischtheke erhältlich.

Mit frisch gefangenem Fisch aus dem Mittelmeer war Aennes Bouillabaisse ein Highlight für die Gäste der Familienvilla am Cap d'Antibes.

Bouillabaisse

mit Rouille

Die Fische schon vom Händler ausnehmen, schuppen und putzen lassen. Wenn möglich auch gleich filetieren lassen und die Fischgräten/-karkassen mitnehmen.

Die Fischgräten mit kaltem Wasser so lange wässern, bis das Wasser klar wird. Dann auf ein Sieb geben.

Die Karkassen in einen großen Topf geben. Mit Wasser und Wein begießen, kräftig salzen, Pfefferkörner, 2 geschälte Zwiebeln, mit je 2 Lorbeerblättern und den Nelken gespickte Zwiebeln (oder 4 geschälte, halbierte Schalotten) und 2 g Safranfäden zufügen. Alles einmal kräftig aufkochen lassen, abschäumen und zugedeckt 30 Minuten leise köcheln lassen.

In der Zwischenzeit das Gemüse vorbereiten: Knoblauch und die restlichen Zwiebeln oder Schalotten schälen und fein hacken. Fenchel putzen (das Grün beiseitelegen) und in kleine Würfel schneiden. Tomaten mit kochendem Wasser überbrühen, häuten, vierteln, von den Stängelansätzen befreien und würfeln. Den geputzten, gewaschenen Lauch in dünne Ringe, den geputzten Bleichsellerie in dünne Scheiben schneiden. Thymian und Petersilie waschen, trocken schwenken und die Blättchen abzupfen.

Nebenbei die Miesmuscheln unter fließendem Wasser abbürsten und von den Bartfäden befreien. Offene Muscheln wegwerfen. Jakobsmuscheln kurz abspülen. Kaisergranate oder Langusten unter fließendem Wasser abspülen.

Die filetierten Fische in Portionsstücke schneiden. Fischfond durch ein mit einem Seihtuch ausgelegtes Sieb gießen.

In einem großen, weiten Topf das Olivenöl erhitzen. Knoblauch, Zwiebeln, Schalotten und Gemüse darin unter häufigem Wenden glasig werden lassen. Thymian- und Petersilienblättchen zufügen. Alles mit dem Pernod übergießen, mit dem Fischfond aufgießen und einmal sprudelnd aufkochen lassen. Dann nur leise köcheln lassen. Die Fischportionen nach Größe nach und nach zufügen, genau beobachten und der Reihe nach, sobald sie gar sind, herausnehmen und warm stellen. ▶

Zutaten
für 8 Personen

Bouillabaisse

4 kg verschiedene frische Seefische, z. B. Meeraal, Wittling (Merlan), Heringskönig (Saint-Pierre), Seeteufel (Lotte), Rotbrasse, Seehecht (Merlu), Goldbrasse

4 l Wasser

1 l trockener Weißwein

Salz

2 EL schwarze Pfefferkörner

6 g Safranfäden

6 Zwiebeln oder 12 Schalotten

6 Lorbeerblätter

8 Gewürznelken

2 Knoblauchzehen

300 g Fenchel mit Grün

500 g vollreife Tomaten

300 g helle Teile von Lauch (Porree)

250 g Bleichsellerie

8 Stängel Thymian

1 Bund glatte Petersilie

6 EL kaltgepresstes Olivenöl

8 cl Pernod

500 g Miesmuscheln mit Schale

400 g Jakobsmuscheln ohne Schale

4 frische, aber schon getötete Kaisergranate oder 2 Langusten (ersatzweise 400 g ungeschälte Riesenscampi)

Gault&Millau
Rosé de Provence
Domaine des Triennes, Frankreich
Zwei burgundische Winzerlegenden produzieren zusammen diesen zauberhaften Rosé im Naturpark Sainte-Baume, unweit von Marseille, wo dieses französische Nationalgericht seinen Ursprung hat.

Sobald alle Fische aus dem Sud gehoben sind, die restlichen Safranfäden hineinrühren, Muscheln. Jakobsmuscheln und Kaisergranate oder Langusten hineingeben und zugedeckt 5 Minuten köcheln lassen. Dann ebenfalls mit einem Schaumlöffel herausnehmen und warm stellen.

Die Suppe bei starker Hitze so weit einkochen lassen, dass sie leicht bindet. Dabei hin und wieder abschäumen. Ganz stilecht muss die Suppe nun durchgesiebt werden, man kann sie aber auch (siehe Foto) mit dem Gemüse servieren.

Die Fisch- und Muscheleinlage auf tiefe Teller verteilen, mit der heißen Bouillabaisse-Brühe übergießen und nach Belieben mit dem zuvor gewaschenen, trocken getupften und fein geschnittenen Fenchelgrün bestreuen. Die übrige Suppe getrennt reichen.

Dazu gibt es dünne Scheiben von Stangenweißbrot, die mit Olivenöl beträufelt unter dem Grill gebräunt wurden.

Außerdem gehört dazu Rouille, eine pikante Knoblauchmayonnaise, die man auf Scheiben von geröstetem Baguette streicht. Die Scheiben in die Teller geben.

Zutaten
für 8 Personen

2-3 große Knoblauchzehen
Salz
2 g gemahlener Safran
4 Eigelb
1/4 l kaltgepresstes Olivenöl

Rouille

Geschälte Knoblauchzehen mit Salz zu einem feinen Brei zerdrücken, mit dem Safran in einer kleinen Schüssel vermischen. Eigelb zufügen und gründlich verrühren. Unter ständigem Schlagen mit dem Schneebesen in einem ganz dünnen Strahl das Olivenöl einlaufen lassen, so dass eine cremige Mayonnaise entsteht. Mit Salz abschmecken. Nach Belieben noch mit etwas Zitronensaft und einem Hauch Cayennepfeffer würzen

Artischockensalat mit Seeteufel

& confiertem Knoblauch

Artischocken waschen und die Dornen an den Blättern mit einer Schere bis zur Hälfte abschneiden. Den Stiel dicht am Boden mit einem Ruck abbrechen, so dass sich die inneren Wurzelstränge aus dem Boden auslösen und dabei ausgezogen werden. Anschließend nach und nach die äußeren Blätter abbrechen, dann mit einem scharfen, kleinen Messer die Böden „rund" schnitzen (tournieren).

Auf der Höhe von ca. 1/3 der Artischocke die oberen Blätter mit einem scharfen Sägemesser abschneiden, bis das Herz mit der nicht aufgegangenen Blüte sichtbar wird.

Die so vorbereiteten Artischockenböden in einem breiten Topf nebeneinander auf den Boden legen.

Mit heißem Wasser bedecken und mit Zitronensaft oder Weißweinessig und Salz würzen, um auch die Farbe zu erhalten. Mit Deckel je nach Größe und Alter die Distelfrucht gut bis zu 30 Minuten gar köcheln lassen.

Mit einer Fleischgabel am tournierten Artischockenboden unten einstechen, um den richtigen, weichen Garpunkt feststellen zu können. Dann mit kaltem Wasser abschrecken und das innere Artischockenheu entfernen.

Nun die verschiedenen Bohnen nacheinander in reichlich Salzwasser kochen. Danach direkt in Eiswasser abschrecken und trocken beiseitestellen.

Seeteufel

Den enthäuteten, gesäuberten Seeteufel salzen und pfeffern und mit Mittelknochen in einer Pfanne scharf anbraten und für gut 20-30 Minuten (je nach Größe des Fisches bei 180° C Ober- und Unterhitze, (Umluft 160° C) in den Backofen stellen. Herausnehmen und mit dem Messer das Fischfleisch vom Mittelknochen trennen. In 2-3 cm dicke Medaillons schneiden und auf den vorbereiteten Artischockensalat legen. ▶

Zutaten
für 4 Personen

Artischockensalat
4 große Artischocken
(vorzugsweise aus der Bretagne)
200 g Prinzess-Bohnen
200 g Schneidebohnen
100 g Kidneybohnen
(aus der Dose)
Meersalz
Saft einer halben Zitrone
1 Prise Zucker
8 Zehen in Olivenöl
confierter frischer Knoblauch
wahlweise Kapern

Seeteufel
600 g Seeteufel
mit Mittelknochen

Vinaigrette
1 EL Weißweinessig
9 EL natives Olivenöl
5 EL trockener Weißwein
2 große Schalotten
1 EL Dijonsenf
Meersalz
schwarzer Pfeffer
aus der Mühle
1/2 Bund Petersilie
1/2 Bund Schnittlauch
1/2 Bund Kerbel

Confierter Knoblauch
2 Knollen frischer Knoblauch (mit weicher und nicht trockener Haut!)
ca. 500 ml mildes, natives Olivenöl
Außerdem: ein Bratenthermometer

Gault&Millau
Rosé Coeur de Grain
Domaine Ott, Frankreich
Eine südfranzösische Paarung der Sonderklasse, die feinen Bitterstoffe der Artischocke machen vor allem feinen Weißweinen Schwierigkeiten, weshalb sich hier dieser saftig frische Rosé anbietet.

Große Artischocken aus der Bretagne – an heißen mediterranen Sommertagen ein leichtes Mittagessen zum Apéro.

Vinaigrette

Für die Vinaigrette in einer Schüssel mit dem Schneebesen, besser noch in einer hohen Rührschale und mit Hilfe eines Stabmixers, zunächst Essig, Weißwein, Senf und die Gewürze verquirlen. Nun das Öl langsam unterrühren, bis eine sämige Sauce entsteht. Anschließend die gehackten frischen Kräuter und die fein gewürfelten Schalotten eingeben. Artischockenböden nach dem Kochen etwas abtropfen lassen und die Vinaigrette beiseitestellen. Nach dem Anrichten der Teller die restliche Vinaigrette in einem Schälchen dazu servieren.

Confierter Knoblauch

Zuerst die äußere Haut der Knollen entfernen und die Knoblauchzehen herausbrechen. Danach nächste Hautschicht lösen, bis eine letzte „Schutzhülle" der einzelnen Zehe verbleibt. Die Knoblauchzehen nun in einen Topf geben und mit dem Öl aufgießen, bis alle Zehen bedeckt sind. Jetzt den Topf auf den Herd stellen und auf sehr schwacher Hitze langsam köcheln lassen.

Das Öl sollte nie über 55° C heiß werden. Auf keinen Fall dürfen die Knoblauchzehen frittieren, also im Öl kochen! Bratenthermometer in den Topf geben. Das Confieren kann je nach Größe der Zehen bis zu 30-45 Minuten dauern.

Wenn sich die Knoblauchzehen in der verbliebenen Schale weich anfühlen, sind sie gar.

Die übrig gebliebenen Zehen in ein verschließbares Glas füllen und mit dem Öl bedecken. Der Knoblauch lässt sich so im Kühlschrank ca. 10 Tage aufbewahren. Das Knoblauchöl (ohne Zehen) darin hält sein wunderbares Aroma ca. 3 Wochen. Es eignet sich hervorragend als würziger, natürlicher Geschmacksverstärker für vielerlei Gerichte.

Anrichten

Bohnen mit etwas Vinaigrette vermengen, je nachdem nochmals mit Salz und Pfeffer abschmecken. Eine Handvoll Bohnen auf den Teller legen. Restliche Vinaigrette in die Artischockenböden füllen und die gebratenen Seeteufelmedaillons um den Salat drapieren. Zum Schluss den confierten Knoblauch dazulegen. Guten Appetit!

TIPP VON SOPHIE HUMMEL & FRANZ KELLER
Den Seeteufel immer mit Mittelknochen kaufen. Durch ihn behält er auch nach dem Anbraten noch seine Form. Denn er wird in der Pfanne genauso scharf angebraten wie ein Steak.

Lammkarree provenzalisch
mit Kartoffelgratin

Lammkarree abspülen, trocken tupfen und Haut, Fett und Sehnen ablösen. Die Rippen mit einem scharfen Messer freischaben und das Fleisch zwischen den Rippen herausschneiden. Das Lammkarree mit Pfeffer einreiben. In einem flachen Bräter das Öl erhitzen. Das Fleisch mit der Fettseite nach unten hineinlegen und dann in dem auf 220° C Ober- und Unterhitze (Umluft 200° C) vorgeheizten Backofen 8 Minuten braten.

In der Zwischenzeit Schalotten und Knoblauch schälen, fein hacken und in 25 g Butter glasig dünsten. Das Weißbrot im Mixer zerkleinern und mit der Schalotten-Knoblauch-Mischung sowie den provenzalischen Kräutern vermengen. Lauch putzen, waschen, abtropfen lassen und in Ringe schneiden. Möhre schälen, Sellerie waschen und beides in dünne Scheiben schneiden. Rosmarin und Thymian abspülen und trocken tupfen.

Lammkarree aus dem Bräter nehmen und salzen. Den Ofen nicht ausschalten. Das Bratfett abgießen. Die restliche Butter in dem Bräter erhitzen, Lauch, Möhre und Sellerie mit Rosmarin und Thymian hineingeben. Den Schmorfond mit dem Wein aufkochen und bei starker Hitze die Flüssigkeit um die Hälfte reduzieren lassen. Dann durch ein Sieb streichen, mit Salz und eventuell etwas Pfeffer abschmecken. Das Karree auf ein Backblech setzen. Zuerst mit Senf, dann mit der Knoblauch-Brot-Mischung bestreichen und gut andrücken. In den Backofen geben und 10 Minuten garen bis die Kruste gebräunt ist.

5 Minuten im ausgeschalteten Ofen ruhen lassen. Dann das Lammkarree zwischen den Knochen in einzelne Koteletts trennen. Lamm mit gedünsteten Zucchini und mit Sahne und Käse überbackenen Kartoffeln servieren. Die Sauce getrennt reichen.

Hinweis: Sehr gut schmeckt zum Lammkarree auch ein Gemüsegratin aus Zucchini, Fenchel, Bohnen, Tomaten und Zuckerschoten, das mit einer pikant gewürzten Sauce aus Eigelb, Sahne und geriebenem Käse überbacken wird.

Kartoffelgratin
Kartoffeln schälen und in gleichmäßig dünne Scheiben schneiden oder hobeln. Eine ofenfeste Form mit einer Knoblauchzehe und mit der halben Buttermenge ausreiben. Nun die Form mit den Kartoffelscheiben schuppenförmig auslegen. Jede Schicht behutsam salzen, pfeffern und mit etwas Muskat würzen. Zum Schluss den geriebenen Käse darübergeben. Milch und Sahne verquirlen und so zugießen, dass die Flüssigkeit die Kartoffeln nur leicht bedeckt. Damit die Flüssigkeit nicht überschäumt, sollte die Füllmenge deutlich unter dem Rand der Backform stehen. Die restliche Butter in Flöckchen auf das Gratin geben und im vorgewärmten Backofen bei 180° C ca. 50-60 Minuten backen.

Ein schmackhafter Klassiker der provenzalischen Küche.

Zutaten
für 6 Personen

Lammkarree
1 kg Lammkrone mit Stielknochen (ohne Rückgratknochen)
weißer Pfeffer aus der Mühle
2 EL kaltgepresstes Olivenöl
2 Schalotten
3-4 Knoblauchzehen
50 g Butter
80 g altbackenes, entrindetes Kastenweißbrot
1 kleine Stange Lauch (Porree)
1 Möhre
2 Stangen Bleichsellerie
1 Zweig Rosmarin
4 Stängel Thymian
4 EL feingeschnittene provenzalische Kräuter
Salz
2 EL Dijon-Senf
3/8 l trockener Weißwein

Kartoffelgratin
für 4-6 Personen
1 kg vorwiegend festkochende Kartoffeln
1/2 Knoblauchzehe
20 g Butter
Salz
weißer Pfeffer aus der Mühle
1 Prise Muskat
100 g geriebener Emmentaler
500 ml Milch
250 ml Sahne

Gault&Millau
Château de Pibarnon
Comte Henri de Saint Victor, Frankreich
Der Duft provenzalischer Kräuter mit Lamm und dem legendären nach schwarzen Oliven und Rosmarin schmeckenden Rotwein aus der Appellation Bandol hat hohes Sehnsuchtspotential.

Ein schnelles Gericht, in Windeseile zubereitet und doch nicht alltäglich.

Nierchen „Saint-Louis"

Kalbsnieren in der Mitte auseinanderbrechen und den Fettstrang mit einem kräftigen Ruck herauslösen. Die Nieren gründlich waschen und trocken tupfen (bei frischen Kalbsnieren ist Wässern nicht nötig).

Die Hälfte der Butter in einer Pfanne erhitzen und die Nieren darin rundherum 5 bis 6 Minuten anbraten. Herausnehmen, abtropfen lassen und noch vorhandene Fettreste, Sehnen und Kapillaren abschneiden. Die Nieren in ihre natürlichen Segmente teilen und diese halbieren oder vierteln.

Restliche Butter in einer Kasserolle erhitzen, Nieren hineingeben, salzen und pfeffern. Mit Senf und Zitronensaft vermischen und bei starker Hitze unter ständigem Rühren 2 Minuten kochen lassen. Wenn nötig nachwürzen. Dann sofort servieren. Eventuell mit einigen Kerbelblättchen garnieren. Dazu Schwenk- oder knusprige Bratkartoffeln und Gemüse der Saison, z.B. Frühlingszwiebeln reichen.

Zutaten
für 4 Personen

600 g Kalbsnieren
80 g Butter
Salz
schwarzer Pfeffer aus der Mühle
2 TL Dijon-Senf
einige Tropfen Zitronensaft

Gault&Millau
Cuvée Felix
Weingut Fritz Waßmer, Baden
Bordeaux stand Pate bei dieser vor Saft und Kraft nur so strotzenden Rotwein-Kreation von Fritz Waßmer.

Crêpes Suzette

Zutaten
für 4 Personen

125 g Mehl
40 g Puderzucker
abgeriebene Schale einer halben unbehandelten Zitrone
2 Eigelb
1 Ei
125 ml Milch
60 ml Mineralwasser mit Kohlensäure
125 ml süße Sahne
60 g Butter
Butterschmalz zum Braten
4 unbehandelte Orangen
12 Stück Würfelzucker
8 cl Cointreau
6 cl Cognac

Das Mehl und den Puderzucker in eine Schüssel sieben. Eigelb und Ei mit Milch, Mineralwasser und Sahne verquirlen. In einem dünnen Strahl in das Mehl einlaufen lassen, dabei ständig mit den Rührstäben des Handrührgeräts (Stufe 1 oder 2) rühren, damit die Masse nicht klumpt.

30 g Butter schmelzen lassen, abschäumen und in den Teig rühren. Aus dem Teig in einer kleinen Pfanne von ca. 16 cm Durchmesser mit jeweils nur wenig Butterschmalz 12 bis 16 hauchdünne Pfannkuchen (Crêpes) backen. In dem nur mäßig warmen Backofen zwischen zwei Tellern warm halten, bis alle fertig gebacken sind.

Die Orangen unter lauwarmem Wasser gründlich abbürsten, abtrocknen und die Zuckerwürfel an der Schale reiben, bis sie ganz mit dem Saft aus den Aromaknötchen vollgesogen sind. Die Orangen dann auspressen.

Die restliche Butter in einer Servierpfanne erhitzen und die Zuckerwürfel darin schmelzen lassen. Orangensaft zufügen und bei starker Hitze um etwa 1/3 einkochen lassen. Dann den Cointreau untermischen. Die zu Vierteln zusammengefalteten Crêpes nacheinander in die Pfanne geben und unter häufigem Wenden erhitzen, dabei sollen sie die Flüssigkeit fast ganz aufnehmen. Crêpes mit dem Cognac übergießen und diesen anzünden. Die Crêpes brennend servieren.

Als zusätzliche Garnierung kann man noch feine Orangen-Juliennes, die mit etwas Zucker in Wein oder Cointreau gedämpft wurden, über die Crêpes geben.

Hinweis: Ursprünglich waren die kleinen Crêpes aus der Bretagne stammende, dünn aber große Pfannkuchen, die jede Braut an ihrem Hochzeitstag sozusagen als Beweis für ihre „Ehetauglichkeit" ganz perfekt vor den versammelten Gästen backen und vor allem wenden musste.

Gault&Millau
„Crème de Tête"
Château Gilette, Frankreich
Das Dessert aller Desserts mit dem Feinsten, was Süßwein aus dem Bordelais zu bieten hat, am liebsten 30, 40 Jahre gereift.

Ein Dessert, das jedes Menü adelt. Übrigens: Graf Bernadotte von der Insel Mainau, ein guter Freund von Aenne und Franz Burda, hat es geliebt.

Der Triumph ihres Lebens

Wie sie die Eleganz nach Russland brachte
und ihre Mode in die Welt trug

Der Höhepunkt ihrer unternehmerischen Leistung – die erste westliche Modenschau:
Aenne Burda mit Chefredakteurin Ingrid Vogelsang und den Mannequins beim Finale.

Am 19. Februar 1987 hält Aenne Burda die druckfrische russische Erstausgabe in der Hand und lässt jedem Mitglied der Burda-Geschäftsleitung ein Exemplar zukommen. Stolz schreibt sie: „Ich möchte Ihnen diese erste Ausgabe, die einen Meilenstein in der Verlagsgeschichte meines Hauses darstellt, zur Erinnerung überreichen." Einen Tag später starten zwei schwere Sattelschlepper gen Osten. 3.200 Kilometer. „Burda Moden nach Moskau" prangt in großen Lettern auf den Lastzügen. Geladen haben sie neben 150 Modellkleidern und Equipment für die Modenschau in Moskau die ersten 100.000 Exemplare „Burda Moden" auf Russisch. Das Titel-Modell trägt eine Kostümjacke in schwarz-weißem Hahnentritt mit Schulterpolstern, die jeden sowjetischen Offizier vor Neid erblassen lassen. Frauenpower manifestiert sich Ende der 80er in militärisch breiten Schultern und schmalen Hüften.

Der 3. März 1987 ist ein Dienstag. In Aenne Burdas badischer Heimat Offenburg feiern die Narren noch einmal ausgelassen, bevor in wenigen Stunden mit dem Aschermittwoch die Fastenzeit anbricht. In Moskau tanzt der Bär. „Mode kennt keine Grenzen" steht auf den „Burda"-blauen Hochglanztüten, gefüllt mit der ersten sowjetischen „Burda Moden" und vielen Schönheitsprodukten, die die Damen mit nach Hause nehmen dürfen. Ein Slogan, der im Säulensaal lebendig wird. Als Aenne Burda mit ihrer Chefredakteurin Ingrid Vogelsang und den Topmodels die Bühne betritt, hallt ihr frenetischer Applaus entgegen. Die 77-Jährige ist der Star des Abends und Meldung in Nachrichtensendungen auf der ganzen Welt. „Mode gibt allen die gleiche Chance und die gleiche Freiheit", verkündet Aenne Burda den begeisterten Russinnen und verspricht „individuelle Mode für alle". „Seien Sie glücklich!", fordert Wladimir Prokopow, Generaldirektor des sowjetischen Außenhandelsverlags, seine Landsleute auf. Und das sind sie. In den Wandelhallen stehen sie in Grüppchen zusammen und schwatzen, trinken Kaffee oder Tee. Die Samoware blubbern, und es werden Kuchen und Schnittchen mit Dauerwurst oder einem Klecks Kaviar gereicht. Im „Kleinen Cocktail-Room" versammelt Aenne Burda die VIPs um sich. Man goutiert Fleisch-, Fisch- und Pilzsüppchen, roten und schwarzen Kaviar, Lachs, Stör, Straßburger Gänseleber und „Franzensberger"-Wein vom Burda-eigenen Weingut aus Offenburg.

Aenne Burda ist 77 Jahre alt. Vor ihr liegt der Triumph ihres Lebens als Verlegerin und Gründerin des größten Modeverlags der Welt: ein Empfang bei Raissa Gorbatschowa. Mittwoch, 4. März 1987. Es ist 24 Grad minus. Langsam öffnet sich das schmiedeeiserne Tor vor dem gelben Patrizierhaus auf dem Moskauer Leninhügel. Die Villa gehörte einst dem russischen Millionär Sawwa Morosow und dient jetzt Michail Gorbatschow und seinen Ministern als Repräsentationsgebäude für Staatsbesuche. „Ich werde wie eine Königin empfangen", denkt Aenne Burda, und für einen Bruchteil einer Sekunde sieht sie das kleine, schwarzhaarige Mädchen vor sich, dessen Eltern nach dem Ersten Weltkrieg im badischen Offenburg kaum das Geld für eine Kutsche zur Kommunionsfeier erbringen konnten.

Aenne Burda mag Raissa Gorbatschowa auf den ersten Blick. Wie sie ihr in der Empfangshalle entgegenkommt, beide Arme zum Gruß ausgestreckt. Sie ist schlank und apart, trägt ein schwarzes Wollkostüm im Dior-Stil. Und dann begegnen sich ihre Augen. Raissa Gorbatschowas Augen sind braun und warm. Und sie sagen mehr als Worte. Das ist nicht nur das Gipfeltreffen der Ersten Frau der Sowjetunion, deren Mann für das Schicksal von 280 Millionen Menschen Verantwortung trägt, und einer Verlegerin, die mit einer Auflage von 2,5 Millionen weltweit Modezeitschriften verkauft. Hier springt ein Funke über. Wie Freundinnen nehmen Raissa Gorbatschowa und Aenne Burda nebeneinander auf dem kleinen Gobelinsofa Platz und posieren für Pressefotografen und Fernsehkameras. Ein Bild, das um die Welt gehen wird.

„Ich bedaure, dass ich gestern nicht zu Ihrer Modenschau kommen konnte. Ich habe gehört, dass alles gut gelaufen ist", eröffnet Raissa. Wie Millionen Frauen hat sie am Vorabend im sowjetischen Fernsehen die Übertragung der ersten westlichen Modenschau in Moskau verfolgt. Bis zuletzt hatte Aenne Burda gehofft, sie persönlich begrüßen zu können, und ihr einen Platz an ihrer Seite in der ersten Reihe freigehalten. Doch Raissa Gorbatschowa ist eine kluge Frau und weiß, wann sich Zurückhaltung geziemt. Jetzt, nach dem grandiosen Erfolg, gesteht sie Aenne und der Weltöffentlichkeit: „Alle Frauen in unserem Land sehnen sich nach Schönheit. Frau Burda, durch Ihre praktischen Anleitungen können unsere Frauen sich ihre schönen Kleider selbst machen."

1987 – Fotos, die um die Welt gingen:
Aenne Burda und Raissa Gorbatschowa.

Genießt ihren großen Erfolg: Aenne Burda strahlend vor den Goldenen Kuppeln des Kreml.

Die Top-Models in Moskau: Monika Schnarre, Renée Simonsen und Christy Turlington.

Die begehrte Einladung zur Präsentation der ersten Burda Moden in russischer Sprache.

Burda Moden International

Aenne Burdas revolutionäre Idee, ihrem Modemagazin Schnittmuster zum Nachnähen beizulegen, machte ihr Magazin zu einem weltweiten Erfolg. Auch heute erscheint es als burda style in 17 Sprachen und ist in über 100 Ländern vertreten.

  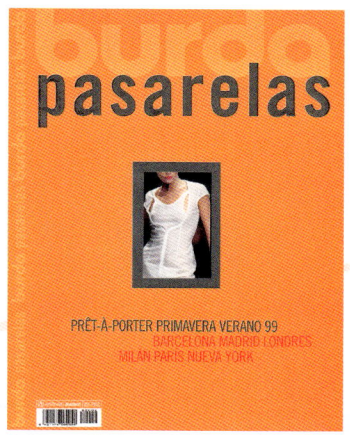 

Blinis mit Kaviar

Zutaten
für 4-8 Personen

200-300 g Beluga- oder Sevruga Malossol-Kaviar
1 Becher Crème fraîche (200 g)
125 ml Milch
10 g Hefe
1 Prise Zucker
100 g Buchweizenmehl
125 ml süße Sahne
1 Eigelb
1 Prise Salz
1 Eiweiß
40 bis 50 g Butterschmalz

Kaviar und Crème fraîche für einige Stunden im Kühlschrank gut durchkühlen lassen.

Für die Blinis die Milch erwärmen. 3 Esslöffel mit der zerbröselten Hefe und dem Zucker in einem Schälchen vermischen. Das Buchweizenmehl in eine vorgewärmte Schüssel sieben und in die Mitte eine Vertiefung drücken. Den Hefevorteig hineinschütten und mit etwas Mehl vom Rand bestäuben. Zugedeckt an einem warmen Ort 20 Minuten gehen lassen. Sahne und restliche Milch erwärmen, zusammen mit Eigelb und Salz zu dem Vorteig geben und alles zu einem glatten Teig verkneten. Zugedeckt weitere 30 Minuten gehen lassen.

Das Eiweiß zu steifem Schnee schlagen und erst unmittelbar vor dem Backen unter den Teig ziehen. In dem heißen Butterschmalz nacheinander 8 Pfannkuchen von etwa 10 cm Durchmesser oder 16 kleine Pfannküchlein backen. Auf einer vorgewärmten Platte anrichten und warm stellen, bis alle Blinis fertig sind. Nebenher die Crème fraîche schaumig rühren und in eine Sauciere füllen.

Die geöffnete Kaviardose in einer Servierschale auf ein Bett aus gestoßenem Eis stellen. Bei Tisch nimmt sich jeder nach Belieben Crème fraîche und Kaviar auf seine Blinis.

Dazu eiskalten Wodka oder trockenen Sekt oder Champagner reichen.

Damit die Blinis auch beim Essen warm bleiben, vorgewärmte Dessertteller eindecken.

Hinweis: „Echter Kaviar" ist nur der Rogen verschiedener Störarten aus dem Kaspischen und dem Schwarzen Meer. Der Beluga-Kaviar ist der vom Hausen stammende edelste Kaviar. Der Europäische Hausen ist die größte Störart und wird bis zu 9 m lang und bis zu 1.400 kg schwer. Sevruga liefert der nur 2 m lange Scherg. Die Bezeichnung „Malossol" kommt aus dem Russischen und bedeutet „wenig gesalzen", was auch ein Qualitätsmerkmal ist. Kaviar bitte nur beim Händler Ihres Vertrauens einkaufen. Als Alternative gibt es mittlerweile auch in Deutschland Kaviarfarmen mit sehr guten Zuchtergebnissen und Qualitäten.

Variation: Statt mit Blinis kann man Kaviar und Crème fraîche auch mit Folienkartoffeln oder Reibekuchen servieren.

Gault&Millau
Chardonnay „Alte Reben"
Weingut Bernhard Huber, Baden
Was Julian Huber aus der wahrscheinlich besten Weißwein-Sorte zaubert hat Weltklasse!

Der große unternehmerische Triumph mit der Eroberung des russischen Zeitschriftenmarkts wird in der Familie Burda immer mit diesem Gericht in Verbindung gebracht.

Saté vom Huhn

asiatisch

Hühnerfleisch in etwa 2 cm große Würfel schneiden. Zwiebel und Knoblauch schälen und grob hacken. Zusammen mit Kokosnuss, Ingwer, Zitronensaft, Sojasauce, Sambal Oelek, Salz und Zucker in den Mixer geben und sehr fein pürieren. Die Fleischstücke mit dieser Paste vermischen und zugedeckt mindestens 1 Stunde im Kühlschrank durchziehen lassen.

Inzwischen 8 Holzspieße in kaltes Wasser legen. Auf diese Weise gleiten sie leichter durch das Fleisch, und die Enden brennen beim Grillen nicht an. Die Fleischstücke auf die Spieße stecken, dabei etwa ein Viertel zum Anfassen freilassen, dann unter den vorgeheizten Tischgrill legen. Unter häufigem Wenden in etwa 12 Minuten knusprig braun werden lassen.

Dann die Grillspießchen mit der Erdnusssauce einstreichen. Spieße auf einer vorgewärmten Platte anrichten und mit den Erdnüssen bestreuen. Eventuell noch mit fächerartig eingeschnittenen Frühlingszwiebeln und Korianderblatt garnieren. Dazu Basmatireis servieren.

Die einfache Asia-Küche faszinierte die Verlegerin als passionierte Köchin ganz besonders, für ihre oft spontanen Einladungen ideal.

Zutaten
für 4-8 Personen

1 kg Hühnerbrustfleisch ohne Haut
1 große Zwiebel
2 Knoblauchzehen
50 g frische Kokosnuss (klein gewürfelt)
1 kleines Stück frischer Ingwer
3 EL Zitronensaft
2 EL dunkle Sojasauce
1 TL Sambal Oelek
½ TL Salz
1 TL Rohzucker
5 EL Erdnusssauce aus dem Asia-Laden
3 EL geröstete Erdnüsse
Koriandergrün
Außerdem 8 Holz- oder Bambusspieße

Gault&Millau

Chardonnay Kirchberg GG
Weingut Franz Keller, Baden
Die würzige von der Marinade herstammende Komponente bedingt einen kraftvollen Wein, und damit liegt man bei Friedrich Kellers wahrhaft großem Gewächs goldrichtig.

Huhn „Biryani"

Zutaten
für 4 Personen

1 frische küchenfertige
Poularde von ca. 1,2 kg
Salz
weißer Pfeffer
aus der Mühle
2 Schalotten
1 rote Peperoni in Streifen
1 EL Butterschmalz
50 g Butter
5 cl alter Weinbrand
2 schwach gehäufte
EL englischer Curry
1 TL Mehl
1 Becher süße Sahne (200 g)
1/4 l Geflügelbrühe
(selbst gekocht)
2 EL Kokoscreme
aus der Dose
4 Scheiben
frische Ananas
4 EL Mango-Chutney
aus dem Glas
als Garnitur
Koriandergrün

Poularde in vier Teile zerlegen. Die unteren Flügel und Beingelenke abschneiden. Dann die Poulardenteile waschen, trocken tupfen, salzen und pfeffern.

Die Schalotten schälen und sehr fein schneiden.

Butterschmalz und 30 g Butter in einer tiefen Pfanne erhitzen. Die Geflügelteile mit der Hautseite nach unten 4 Minuten anbraten, dann wenden. Die Schalotten und Peperonistreifen zufügen und glasig braten. Mit dem Weinbrand ablöschen und diesen etwas einkochen lassen. Curry und Mehl einrühren, mit Sahne und Geflügelbrühe ablöschen, einmal aufkochen lassen, dann mit der Kokoscreme vermischen. Die Poularde zugedeckt bei milder Hitze noch 20 Minuten schmoren lassen.

Die restliche Butter in einer Pfanne aufschäumen und die halbierten Ananasstücke darin ganz leicht anbraten.

Die Sauce mit Salz und eventuell etwas Curry nachwürzen. Die Poulardenteile mit Ananasscheiben, Mango-Chutney und Koriandergrün garniert servieren.

Dazu Basmatireis reichen.

Gault&Millau
Burkheimer Rosé trocken
Weingut Bercher, Baden
Zum gebratenen Reis
ein ausdrucksstarker Rosé
von Arne Bercher
vom erloschenen Vulkan.

Die Faszination der indischen Stoffwelten verband die Mode-Ikone Aenne Burda mit diesem traditionellen Gericht aus Indien.

Lammcurry

indisch

Lammfleisch abspülen, trocken tupfen, dann in etwa 2 cm große Würfel schneiden. Zwiebel und Knoblauch schälen und hacken, Butterschmalz in einem großen Topf erhitzen. Zwiebeln, Knoblauch und Ingwer darin unter Rühren braten, bis der Knoblauch glasig ist.

Alle Gewürze und den Zitronensaft in den Topf geben und langsam zu einer glatten Paste verrühren. Nun erst die Fleischwürfel hineingeben und so lange erhitzen und wenden, bis sie ganz und gar von der Würzpaste umhüllt sind.

Die Tomaten mit kochendem Wasser überbrühen, häuten, achteln und von den grünen Stängelansätzen befreien. Zusammen mit der Minze unter das Fleisch rühren. Das Curry bei ganz schwacher Hitze 75 Minuten zugedeckt schmoren lassen. Eventuell etwas Wasser angießen, jedoch nicht mehr als 1/8 l im Laufe der gesamten Schmorzeit.

Das fertige Curry mit Salz und eventuell etwas Chilipulver nachwürzen und mit dem gehackten Koriander vermischen. In einer vorgewärmten Schüssel servieren.

Dazu Basmatireis reichen.

Für die einfache und für den Gaumen doch anspruchsvolle Küche hatte die pragmatische Aenne Burda ein besonderes Faible.

Zutaten
für 4 Personen

1 kg Lammkeule ohne Knochen

2 große Zwiebeln

3 Knoblauchzehen

1 frische Ingwerknolle (3 cm)

40 g Butterschmalz

1 TL gemahlener Koriander

1/4 TL gemahlener Zimt

1 Msp. gemahlene Nelken

1/4 TL gemahlener Kardamom

1/4 TL Chilipulver

1 TL Kurkuma (Gelbwurz)

1 TL Salz

2 EL Zitronensaft

400 g Tomaten

1 EL frische, gehackte Minze (ersatzweise ½ TL getrocknete, zerriebene Minze)

1 EL gehackter, frischer Koriander

Gault&Millau

Lemberger „Dicker Franz" GG
Weingut Burg Ravensburg, Baden

Mehr Würze als dieser langlebige Rotwein aus historischer Lage aufweist ist weit und breit nicht zu finden, zum Lamm-Curry ganz ideal!

Mit dieser asiatischen Variante des amerikanischen Gerichts überraschte Aenne Burda ihren Ehemann Franz und Sohn Franz junior nach einer Geschäftsreise in die USA zusammen mit der Boxlegende Max Schmeling.

Spareribs
asiatisch

Rippchen in die Fettpfanne des Backofens legen. Hoisin-Sauce, Hühnerbrühe, Sojasauce, Honig, Tomatenketchup, Reiswein oder Sherry, Rohzucker und Reisessig oder Zitronensaft in einem kleinen Stieltopf mischen und unter Rühren so lange erwärmen, bis eine glatte Sauce entstanden ist. Mit Salz abschmecken.

Schalotten schälen und sehr fein hacken. Den geschälten Ingwer ganz fein reiben. Beides in die Sauce geben. Rippchen auf beiden Seiten mit der Sauce bestreichen und bei Zimmertemperatur 3 bis 4 Stunden durchziehen lassen.

Dann auf den Bratrost über die Fettpfanne legen. Die Fettpfanne zu 1/4 mit Wasser füllen. Die Rippchen in dem auf 180° C Ober- und Unterhitze (Umluft 160° C) vorgeheizten Backofen 60 Minuten schmoren lassen, sie sollen dann eine dunkelbraune Farbe haben.

In der Zwischenzeit die Frühlingszwiebeln putzen. Die weißen Knollen abschneiden. Die grünen Teile in etwa 5 cm lange Stücke schneiden, an beiden Enden bis knapp zur Mitte im Abstand von etwa 2 mm einschneiden, dann leicht auseinanderbiegen und in Eiswasser legen – erst dann öffnen sie sich.

Die Rippchen teilen. Auf einer Platte anrichten, mit den Zwiebeln garnieren und mit Gemüse-Pickles servieren.

Gemüse-Pickles

Karotten schaben, Bohnen fädeln und waschen, Chilischoten halbieren, entkernen und abspülen. Die Gurke schälen, längs halbieren, entkernen, dann in Stücke von etwa 6 cm Länge schneiden. Karotten, Bohnen, Chilischoten und Gurkenstücke in hauchdünne Streifen (Juliennes) schneiden. Die Blumenkohlröschen putzen, waschen und abtropfen lassen.

Knoblauch schälen und ganz fein hacken. Dann zusammen mit dem Ingwer unter Rühren in dem heißen Erdnussöl glasig werden lassen. Paranüsse und Kurkuma zufügen und kräftig unterrühren. Essig, Wasser, Salz und Zucker zufügen und zum Kochen bringen. Das vorbereitete Gemüse in den Topf geben und bei starker Hitze 3 Minuten kochen. Zum Abkühlen in eine Schüssel füllen. In einer dekorativen Glasschale oder auf Tellern als Beilage auftragen.

Variation: Wer das Gemüse noch schärfer möchte, gibt außer Ingwer und Knoblauch noch frisch geriebenen Meerrettich dazu. Oder man gibt über die fertigen Pickles geraspelten Radi.

Zutaten
für 6 Personen

1,5 kg Schweinerippchen (Spareribs) ohne Fett
2 EL Hoisin-Sauce
2 EL kalte Hühnerbrühe
3 EL helle Sojasauce
2 EL flüssiger Honig
2 EL Tomatenketchup
3 EL Reiswein oder trockener Sherry (Fino)
1 EL Rohrzucker
1 EL Reisessig oder Zitronensaft
Salz
2 Schalotten
1 kleines Stück frischer Ingwer
6 Frühlingszwiebeln

Gemüse-Pickles
für 4-6 Personen
300 g Karotten
300 g grüne Bohnen
2 grüne Chilischoten
1 grüne Gurke
300 g Blumenkohlröschen
2 Knoblauchzehen
1 TL frisch geriebener Ingwer
3 EL Erdnussöl
6 geriebene Paranüsse
1 TL Kurkuma (Gelbwurz)
125 ml kräftiger Weinessig
125 ml Wasser
Salz
1 EL Rohrzucker

Gault&Millau
Syrah „Jaspis"
Weingut Ziereisen, Baden
Um die Süße und Schärfe dieses Gerichts auf Augenhöhe zu begleiten, braucht es in der Weinbegleitung einen richtigen Blockbuster, Hanspeter Ziereisen hat ihn.

Beim Oktoberfest des Modeverlags am Kinzigstrand zeigte die Verlegerin, wie man Bierkrüge zügig an den Mann bringt.

Die perfekte Gastgeberin

Warum gutes Essen „schwimmen" muss

Aenne Burda als Gastgeberin des „Bal paré" im Bayerischen Hof in München.

Kolumne von Aenne Burda

Aenne Burda, Verlegerin.

Die Kunst, zu genießen!

Das eigentliche Wesen des Genusses ist die Erweiterung sinnlicher wie geistiger Erfahrung. Genießen ist eine Kunst, die mit Fantasie betrieben sein will. Genießen ist die Fähigkeit, in dem Augenblick, in dem einem Schönes, Angenehmes begegnet, zu verharren und es bewusst in sich aufzunehmen. Genießen sollte man vor allem die Harmonie, wo immer sie einem begegnet. Nur wenn die Atmosphäre um uns und die Stimmung in uns harmonisch sind, können wir genießen.

Mein Rat: Machen Sie sich empfänglich für schöne Eindrücke. Gehen Sie auf die Suche danach. Wer richtig genießen kann, hat mehr vom Leben. Echter Genuss ist identisch mit dem viel zitierten Glücksgefühl. Deshalb mein Fazit: Genießen Sie den Augenblick, üben Sie die Fähigkeit, einen schönen Moment bewusst festzuhalten. Sie werden in den Genuss vieler schöner Momente kommen, wenn Sie erst begreifen, dass Genuss und Genießen nicht große Dinge sein müssen.

Juli 1956: Aenne und Franz feiern ihre Silberne Hochzeit.

192 DIE PERFEKTE GASTGEBERIN

Luxus der 50er-Jahre: ausgelassen mit Freundinnen und Sohn Franzl im eigenen Pool.

Aenne, die Perfektionistin: klare Anweisungen ans Personal bei großen Gesellschaften, hier zu ihrem 75. Geburtstag.

Die Offenburger Burda-Belegschaft feiert im Garten der Schanzstraße.

Bullshot

Den Wodka und die kalte Rinderbrühe in einen Shaker geben und mit Tabasco, Worcestersauce und Zitronensaft würzen. Anschließend ausreichend Eiswürfel zugeben und das Ganze kräftig shaken. Den Drink nun in ein Becherglas abseihen und servieren.

Zutaten

4 cl Wodka
10 cl kräftige Rinderbrühe (abgeschmeckt)
1 Spritzer Tabasco
1 Spritzer Worcestersauce
1 Spritzer Zitronensaft
wahlweise etwas Selleriesalz

Außerdem: Shaker, Eiswürfel, Becherglas

Bloody Mary

Wodka, Pfeffer, Salz, Tabasco, Worcestersauce, Tomatensaft, Zitronensaft und Zuckersirup in einen Shaker geben, gut schütteln, abschmecken und in ein Longdrinkglas geben.

Zutaten

6 cl Wodka
12 cl Tomatensaft
2 cl Zitronensaft
1 cl Zuckersirup
1 Spritzer Tabasco
etwas Salz, Pfeffer
1 Spritzer Worcestersauce
1 kleine Stange Sellerie
Eiswürfel

Bloody Mary – ein ideales „Katerfrühstück" nach langen Nächten mit Geschäftsfreunden.

Campari Soda

Ein Campari Soda darf sowohl in einem Tumbler als auch in einem Longdrinkglas gereicht werden. Der beliebteste Cocktail Italiens wird im Glas zubereitet: zuerst Eiswürfel in das gekühlte Glas geben und dann Campari und das Sodawasser hinzufügen. Mit einer halben Orangenscheibe garnieren und servieren.

Zutaten

5 cl Campari
10 cl Sodawasser (Mineralwasser mit Kohlensäure)
1 Orangenscheibe
Eiswürfel

Americano

Zuerst die Eiswürfel in einen Tumbler geben, alle Zutaten dazugießen, umrühren und mit Orangen- und Zitronenscheibe garnieren.

Zutaten

3 cl Campari
3 cl roten Vermouth
1 Spritzer Sodawasser (Mineralwasser mit Kohlensäure)
Orange
Zitrone
Eiswürfel

Americano – ein idealer Apéro für Sommerfeste.

Heute wieder absolutes
Kultgetränk – damals
schon ein Klassiker bei
Einladungen im Hause Burda.

Gin Tonic

Eiswürfel und Gin in ein hohes Longdrink-Glas geben. Mit dem Küchenschäler 3 Scheiben Gurke (ca. 8-10 cm) der Länge nach abziehen, in das Glas geben und mit Tonic Water aufgießen.

Zutaten

4 cl Monkey Gin oder Hendrick's Gin
Tonic Water
Landgurke
Eiswürfel

Gin-Fizz

Alle Zutaten außer Soda und Gin in den kleinen Teil eines Boston Shaker geben und ohne Eis shaken, bis die Konsistenz schön luftig ist. Nun den Shaker öffnen, Gin zugeben und den kleinen Teil des Shakers bis zum Rand mit Eis füllen. Den Shaker abermals schließen und den Drink so lange schütteln, bis der Shaker von außen beschlägt. Nun mit Hilfe des Barsiebes den Drink vom einen Teil des Shakers in den anderen abseihen und das zurückbleibende Eis wegwerfen. Den Shaker ein letztes Mal verschließen und abermals gut schütteln. Nun einen Schuss des Sodas auf den Drink geben und diesen durch ein feines Sieb ins vorgekühlte Glas geben. Mit einem letzten Schuss Soda den Drink „anheben" und somit einen schönen Schaum entstehen lassen. Abschließend mit einer Zitronenzeste abspritzen.

Zutaten

5 cl London Dry Gin
3 cl frisch gepresster Zitronensaft
2 cl Zuckersirup
Schuss Sodawasser
1 Eiweiß

Außerdem: Shaker (Boston Shaker), Eiswürfel, Fizzglas

Lychee-Cocktail

Limetten auspressen. Den Saft der Limetten mit Maraschinolikör, Rum und Lychee-Saft im Mixer gut vermischen. Lychees und Cocktailkirschen abtropfen lassen. Die Eiswürfel in ein Küchentuch wickeln und zerklopfen, dann in 6 gut vorgekühlte Cocktailgläser geben und den Cocktail darübergießen. Mit je 2 Lychees und 1 Cocktailkirsche garnieren.

Hinweis: Dieser Cocktail kann sowohl als Begrüßungsgetränk als auch wie eine Art Dessert zum Abschluss des Essens gereicht werden. Er schmeckt auch ganz vorzüglich, wenn man statt Maraschinolikör dunklen Rum verwendet und die Cocktailkirschen durch Arbutos, die roten Früchte des chinesischen Erdbeerbaumes, ersetzt.

Zutaten

3 Limetten
12 cl Maraschinolikör
18 cl weißer Rum
1/8 l Lychee-Saft aus der Dose
12 Lychees aus der Dose
6 Cocktailkirschen mit Stiel
Eiswürfel

Mit diesem Cocktail zählte Aenne Burda zur Avantgarde, insbesondere bei ihren weiblichen Gästen.

Planter's Punch

Alle Zutaten außer dem Soda im Longdrinkglas miteinander verrühren. Das Glas bis zum Rand mit Crushed Eis füllen und mit einem Schuss Soda aufgießen. Abschließend mit einem Orangenschnitz und einem Minzzweig garnieren.

Zutaten

6 cl dunkler Rum
3 cl frisch gepresster Limettensaft
2 cl Zuckersirup
3 Dashes Angostura Bitter
Soda
1 Schnitz Orange
1 Pfefferminzzweig

Außerdem:
Crushed Eis, Longdrinkglas

Colonel
Digestif

Das Zitronensorbet in vorgekühlte Champagner- oder Longdrinkgläser füllen und darüber jeweils einen Schuss Wodka gießen. Etwas Limette darüber, reiben. Das Ganze dann mit je einer Limettenscheibe und einem Minzblatt dekorieren und servieren.

Zutaten

1 Kugel Zitronensorbet
4 cl Wodka
1 Limette
etwas Zitronenabrieb
& eine Zitronenzeste
2 Minzblätter

Oberrheintal
Ein herbstlicher Blick von Fessenbach über Offenburg ins benachbarte Elsaß bis zu den Vogesen.

Gerichte aus der Heimat

Wenn's schmeckt, fühlst du dich gleich zu Hause

Wenn Genuss verbindet

Ski-G'schichten: Ski-Legenden Willi Bogner, Markus Wasmeier, Hubert Burda und „Jörgl" Thoma im Ski-Museum Hinterzarten.

„Das schönste Land in Deutschlands Gau'n, das ist mein Badner Land ..." So beginnt das „Badner Lied", die regionale Volkshymne, die einst jedes Kind im Schlaf konnte. Es ist Hubert Burdas Lieblingslied, und immer wenn er in Offenburg ist, singt er es voller Inbrunst. Obwohl er schon seit Jahrzehnten in München lebt, genießt er es, in seiner Heimat badisch zu schwätzen. Mit seinen Mitarbeitern, den Leuten auf der Straße, den Winzern im Offenburger Ortsteil Fessenbach, wo das Seebach'sche Schlössle steht, das sein Vater in den 1960ern gekauft hat. Hier hat Hubert Burda die ehemalige Schnapsbrennerei zu einer kleinen Galerie umbauen lassen. Und von dem bezaubernden Garten blickt man seit Kurzem auf einen gotischen Turm in den Reben, der Senator Burda gewidmet ist, den „SenaTorre". Inspiriert von den Kathedralen in Freiburg und Straßburg, steht er für Erinnerungen und Emotionen.

Wie aufregend war es, wenn der Vater jedes Jahr, wenige Tage vor Weihnachten, mit dem kleinen Hubert nach Colmar fuhr, um im Museum Unterlinden das Genie Martin Schongauers zu preisen, dem es als Erstem gelungen war, Druckgrafiken in größerer Zahl herzustellen und kommerziell zu verbreiten. „Hier ist der Kupfertiefdruck entstanden", sagte er dann weihevoll, und das Hubertle konnte diese Großartigkeit nur mehr erahnen denn erfassen. Im berühmten „Maison des Têtes", dessen Renaissance-Fassade mit hundert steinernen Köpfen und Masken verziert ist, ließen sich Vater und Sohn die traditionellen „Quenelles de brochet", Hechtklößchen, schmecken.

„SenaTorre": Der gotische Turm in den Reben oberhalb des „Schlössle" ist dem Senator Franz Burda gewidmet. Bei gutem Wetter sieht man das Straßburger Münster, das als Vorbild diente.

Seebach'sches Schlössle: Hubert Burdas Rückzugsort in den Reben von Fessenbach bei Offenburg. 1968 kaufte der Senator das „Schlössle". Wenige Jahre später entstand nebenan die Franzensstube, in der die legendären Jagdessen ausgerichtet wurden und heute noch Weinproben und Firmenveranstaltungen stattfinden.

Dem Elsass verbunden: Diesen Blick auf die Ill genießt man nach einem Essen im berühmten Sternerestaurant „Auberge de l'Ill".

Ein Glas Wein auf der Terrasse mit traumhaftem Ausblick. Das Schloss Staufenberg in Durbach/Baden mit seiner Weinstube ist immer einen Ausflug wert.

Er mag sie noch immer und auch die vielen anderen Gerichte, die er mit seiner Kindheit verbindet. Die gekochte Rinderbrust mit scharfer Meerrettichsoße und Kartoffeln, die samstags auf den Familientisch kam. Das typische badische Heiligabendessen: Schäufele mit Kartoffelsalat. Die Königinpastete und den Baeckeoffe, die in den gemütlichen Restaurants mit rot-weiß-karierten Tischdecken auf der anderen Seite des Rheins so köstlich mundeten. Ganz einfache Dinge wie Striebele mit Apfelmus oder einen angemachten „Bettseicher", „Pissenlit", wie der Löwenzahnsalat hier heißt. Der Charme des Dialekts und die Hingabe, mit der im Elsass und in Baden gekocht wird, können nur noch mit einem Sahnehäubchen gekrönt werden. Am besten auf einer Schwarzwälder Kirschtorte oder einem Kirschplotzer.

Bereits zur Kirschblüte spaziert Hubert Burda alljährlich durch die Ortenauer Obstplantagen und bewundert den weiß- und rosafarbenen Blütenzauber. Spätestens zur Spargelzeit kommt er wieder, genießt die Königin der Gemüse mit Schinken, Kratzete und einer buttrigen Hollandaise. Und als bester Botschafter Badens lässt er Spargel aus der Heimat an die Münchner Mitarbeiter liefern. Kulinarische Grüße aus dem Badner Land…

Das Badner-Lied: In der Tradition seines Vaters intoniert Hubert Burda sein Lieblingslied vor seinem Fessenbacher Domizil.

Musik in der „Franzensstube": Senator Burdas „Stammbesetzung", die Mitarbeiter Josef Matschy (an der Zither) und Kurt Neuschütz (damals Personalchef) am Akkordeon.

Zu Senators Zeiten: Die Burda-Nachtigallen Traudel Wetzel, Reinhard und Linda Ruf sangen regelmäßig in Gutacher Tracht und begeisterten das Publikum mit bekannten Schwarzwald-Melodien.

Zwiebelsuppe

Zutaten
für 4 Personen

Zwiebelsuppe
500 g Zwiebeln
90 g Butter
2 EL Mehl
1½ l kräftig gewürzte Fleischbrühe (selbst gekocht)
Salz
schwarzer Pfeffer aus der Mühle
125 ml trockener Weißwein
1 kleiner Becher Crème fraîche (100 g)
1 EL gehackte Petersilie
1 EL Schnittlauchröllchen

Für die Blätterteighaube
300 g tiefgekühlter Blätterteig
Mehl zum Ausrollen
2 Eigelb
3 EL süße Sahne

Zwiebeln schälen und in sehr dünne Ringe schneiden. 50 g Butter in einem Topf erhitzen, die Zwiebeln darin glasig braten, dann das Mehl zuschütten und hellbraun anschwitzen lassen. Mit der Fleischbrühe unter Rühren ablöschen, mit Salz und Pfeffer würzen. Zugedeckt bei milder Hitze 20 Minuten köcheln lassen.

Die Suppe mit Wein und Crème fraîche verfeinern, eventuell nachwürzen und abgekühlt in eine Terrine oder eine Suppentasse füllen, mit gehackter Petersilie und den Schnittlauchröllchen bestreuen und mit der vorbereiteten Blätterteighaube wie beschrieben bedecken.

Blätterteighaube

Blätterteig nach Packungsbeschreibung bei Zimmertemperatur auftauen. Die Platten übereinanderlegen und auf der bemehlten Arbeitsfläche möglichst dünn ausrollen. 8 Kreise ausstechen, deren Durchmesser gut 2 cm größer ist als von kleinen Suppentassen (siehe Foto). Aus den Teigresten kleine Kreise oder Sterne als Garnierung ausstechen.

Eigelb mit Sahne verquirlen und die Tassenränder ganz dünn damit einstreichen.

Dann den Blätterteig unbepinselt auflegen und andrücken. Den Teig mit dem restlichen Eigelb bestreichen und die kleinen Kreise oder Sterne als Garnierung daraufsetzen und gleichfalls mit Ei versehen. Die Terrinen/Tassen in den auf 200° C bei Heißluft vorgeheizten Backofen geben und etwa 18 bis 20 Minuten goldbraun überbacken.

Arme-Leute-Küche – hier in einer besonders feinen Variante.

Schnecken

in Kräuterbutter

Die Schnecken in einem Sieb abtropfen lassen und in die sauberen Häuschen stecken. Petersilie und Kerbel waschen, trocken tupfen, von den Stängeln zupfen und fein hacken. Schalotten und Knoblauch schälen und fein würfeln.

Die Butter in einer Schüssel cremig rühren. Dann Kräuter, Schalotten und Knoblauch zugeben und mit Salz, Pfeffer und etwas Zitronensaft würzig abschmecken.

Die Öffnung der Schneckenhäuschen mit der selbstgemachten Kräuterbutter verschließen. Die Schnecken mit der Öffnung nach oben auf die Schneckenteller (oder Auflaufform) legen und im heißen Backofen bei 180° C Ober- und Unterhitze (Umluft 160° C) so lange garen, bis die Butter beginnt leicht aufzuschäumen. Dann sofort mit frischem Baguette servieren, um die köstliche Kräuterbutter aufzutunken.

Zutaten
für 2-4 Personen

1 Dose Schnecken (24 Stück)
24 Schneckenhäuser
1 Bund Petersilie
1 Bund Kerbel
2 Schalotten
2 Knoblauchzehen
125 g weiche Butter
Salz
Pfeffer aus der Mühle
1 Zitrone
Dazu Baguette reichen

Gault&Millau
Grauburgunder „Jaspis"
Weingut Ziereisen, Baden
Die geschmackliche Tiefe von dieser Grauburgunder-Selektion aus der Baseler Bucht ist enorm, ein idealer Schnecken-Begleiter.

Aenne Burda ließ sich gerne von der elsässischen Küche inspirieren und übernahm auch diesen Klassiker in das Repertoire ihrer Lieblingsrezepte.

Quiche Lorraine

Mehl in eine Schüssel sieben. Ei und Salz dazugeben. Zimmerwarme Butter, Wasser (oder Weißwein) zugießen und alles sehr schnell zu einem glatten Teig kneten. Teig in Folie einschlagen und etwa 1 Stunde kalt stellen. Backofen auf 190° C vorheizen. Danach den Teig ausrollen. Eine runde Springform (Durchmesser 26 cm) einschließlich einem 2-3 cm hohen Rand damit auslegen. Teigboden mit einer Gabel mehrfach einstechen und 15 Minuten vorbacken.

Speck in sehr dünne Scheiben schneiden. Zwiebeln in einer Pfanne mit Butter andünsten, die Speckstreifen hinzufügen und beides danach auf den vorgebackenen Boden legen. Eier, Sahne und Milch verquirlen, mit Pfeffer und Muskat würzen und diese Masse darübergießen. Den Kuchen bei 190° C Ober- und Unterhitze (keine Umluft!) im vorgeheizten Backofen auf die Unterschiene stellen. Etwa 25-30 Minuten backen. Aus der Form lösen und sofort heiß, z.B. mit einem grünen Salat servieren.

Hinweis: Wie unten zu sehen, kann man für die Füllung statt den Speckstreifen auch gewürfelten Kochschinken verwenden.

Zutaten
für 8 Stück

Mürbteig
250 g Mehl
125 g Butter
¼ TL Salz
1 Ei
20 ml kaltes Wasser oder trockener Weißwein (Riesling)

Füllung
4 Bio-Eier
250 ml süße Sahne
50 ml Milch
250 g durchwachsener Speck
1 Zwiebel fein gewürfelt
20 g Butter
schwarzer Pfeffer aus der Mühle, Muskat, Salz zum Abschmecken

Gault&Millau
Gelber Muskateller trocken von alten Reben, Ihringer Winklerberg
Weingut Dr. Heger, Baden
Die älteste Anlage Badens dieser Ur-Rebe erzeugt unter der Ägide von Joachim Heger einen komplexen Ausnahme-Wein, ganz ideal zu einer saftigen Quiche.

Ein Gericht, das immer gut vorzubereiten ist und auch mit einem Beilagensalat zur vollwertigen Mahlzeit wird. Bei Weinabenden im Hause Burda bis heute ein Muss.

Badisch-Elsässische Vesperplatte

Franz Burdas Lieblingsessen

Als naturverbundener Mensch schöpfte Senator Dr. Franz Burda seine Kraft und Ideen aus den Spaziergängen in den Weinbergen bei Fessenbach, stets aber auch bei einer geselligen Runde im Kreise seiner Faustball- oder Jagdfreunde. Bei einem einfachen badisch-elsässischen Vesper mit Schwarzwälder Schinkenspeck, Dosenwurst seines Lieblingsmetzgers oder bei Rahm- und Münsterkäse und einem Glas seines „Franzensberger" Weines war Franz Burda im Glück.

„Ein Stück Schwarzwurst wär' mir jetzt lieber, Mädle!", hörte man ihn manchmal zu den Kellnerinnen sagen, wenn ein opulentes Dinner oder eine Großveranstaltung die andere jagte. Und so verwundert es nicht, dass das „Vesper" ein fester Bestandteil im Leben der Familie war – selbstverständlich schon damals mit ungetrübtem Augenmerk für Qualität und für die besten Erzeuger aus Baden und dem Elsass.

Gault&Millau
Weiler Spätburgunder
Weingut Claus Schneider, Baden

Dies ist ein ungemein attraktiv kirschduftiger Spätburgunder mit feiner Herbe, leicht gekühlt einfach ideal zum Vesper.

Franz Burda mit seinen Söhnen Franz und Frieder – ein herzhaftes Vesper durfte auch beim Wandern nie fehlen.

Nicht nur die feine Küche begeistert die Familie Burda. Besonders der Senator freute sich nach einem anstrengenden Tag auf ein zünftiges Vesper, gerne auch mit einem kühlen Bier.

Hierzu ein schönes, knuspriges Bauernbrot – mehr braucht es nicht.

Wurstsalat „Elsässer Art"

Kalbslyoner und Emmentaler in feine, dünne Streifen schneiden. Die Zwiebel schälen und in feine Streifen schneiden. Die Gewürzgurken in dünne Scheiben schneiden. Nun alles in eine Schüssel geben und mit Senf, Essig, Sonnenblumenöl, Salz und Pfeffer gut vermengen. Zirka 1 Stunde kalt stellen. Aus dem Kühlschrank nehmen, auf Tellern mit Radieschen und Schnittlauch anrichten. Dazu ein frisches Baguette oder Bauernbrot reichen.

Variante: „Badische Trilogie"
Wurstsalat mit Brägele und Bibeleskäs
Rezept „Bibeleskäse" finden Sie auf Seite 12 und die „Brägele" auf Seite 16. Guten Appetit!

Zutaten
für 4 Personen

400 g Kalbslyoner am Stück
250 g Emmentaler
1 rote Zwiebel
100 g saure Gewürzgurken
1 TL Dijon-Senf
4 EL Sonnenblumenöl
2 EL Essig
Salz
Pfeffer aus der Mühle
etwas Schnittlauch
4 Radieschen

Gault&Millau
Riesling „Frédéric Émile"
Maison Trimbach, Frankreich
Ein knochentrockener Riesling, benannt nach dem Gründer dieses überragenden Gutes in Ribeauvillé, am besten zehn Jahre gereift.

TIPP VON SOPHIE HUMMEL & MARKUS DIRR Witzigmann-Schüler und Kult-Metzger aus Endingen am Kaiserstuhl. Wenn die Qualität stimmt und es eine echte Kalbslyoner ist, braucht man weder Gewürzgurken oder Sonstiges. Denn, wie sagt schon Eckart Witzigmann: Das Produkt ist der Star!

Hechtklößchen

mit Blattspinat & Rieslingsauce

Zutaten
für 4 Personen

Hechtklößchen
1 ausgenommener Hecht
von ca. 1 kg
Salz, weißer Pfeffer
aus der Mühle
3 Eiweiß
Cayennepfeffer
3/4 l gut gekühlte süße Sahne
2 kg Blattspinat
1 Schalotte
1 Knoblauchzehe
2 EL Butter
Muskat

Rieslingsauce zum Fisch
25 g Butter
80 ml trockener Riesling
4 cl Noilly Prat
(franz. Vermouth)
400 ml Fischfond
2 Schalotten
400 ml Sahne
Butter zum Montieren
Salz
weißer Pfeffer aus der Mühle

Gault&Millau
Riesling „Husarenkappe" GG
Weingut Burg Ravensburg, Baden
Dieses große Riesling-Gewächs erzählt mit seiner kraftvollen Duftigkeit die Geschichte des Husaren, der vor weit über 200 Jahren Riesling-Setzlinge in seiner Kappe mit in die badische Heimat brachte.

Hecht innen und außen abspülen und trocken tupfen. Kopf und Schwanzflosse abschneiden, den Hecht filetieren, dann mit einem scharfen Messer (am besten mit einem Lachsmesser) die Haut abschneiden. Haut wegwerfen, Kopf, Mittelgräte und Schwanzflosse aufbewahren.

Aus dem Fischfleisch mit einer Pinzette die kleinen Gräten entfernen. Den Fisch in schmale Streifen schneiden, salzen und 10 Minuten ins Gefrierfach stellen. Dann zweimal durch den Fleischwolf (feine Scheibe) drehen. In eine dünnwandige Edelstahlschüssel geben, mit Salz und Pfeffer würzen.

Eiweiß schaumig schlagen und mit der Fischmasse gründlich vermengen. Dann mit etwas Cayennepfeffer abschmecken, mit Folie bedecken und 1 Stunde in den Kühlschrank stellen.

Von der Sahne 3/8 abmessen. Die Schüssel mit der Fischmasse auf ein Eisbett stellen. Die Sahne in drei Portionen nacheinander einarbeiten, darauf achten, dass die gesamte Sahne aufgenommen ist, ehe die neue dazugegeben wird. Die Masse wieder in den Kühlschrank stellen.

1/8 l Sahne halbsteif schlagen und unter die Hechtfarce mischen, mit Salz und Pfeffer abschmecken und wieder kalt stellen. In einem Topf reichlich Salzwasser bis eben unter den Siedepunkt erhitzen. Von der Hechtfarce mit einem Esslöffel Klößchen abstechen und im Salzwasser etwa 10 Minuten pochieren. Mit einem Schaumlöffel herausnehmen und warm halten. Mit gedünstetem Blattspinat und Nudeln servieren.

Blattspinat
Den Blattspinat gründlich waschen und die Stiele abzupfen. Schalotte fein würfeln und mit Butter in einer großen Pfanne anbraten. Den Spinat dazugeben und mit fein geschnittenem Knoblauch, Muskat, Pfeffer und Salz würzen. Ein bis zwei Minuten dünsten lassen. Fertig.

Rieslingsauce
Butter in einer Pfanne angehen lassen. Schalotten fein würfeln und hinzufügen, bis sie glasig sind. Fischfond, Wein und Vermouth dazugießen, aufkochen und reduzieren. Danach Flüssigkeit passieren und weiterkochen. Sahne hinzugeben bis eine sämige Konsistenz entsteht. Zum Schluss mit eiskalten Butterstücken Sauce mit dem Stabmixer fertig montieren und abschmecken.

Variation: Sauce zum Schluss mit einigen Tropfen Estragonessig oder Sherryessig abschmecken.

Der Hecht aus dem eigenen Angelsee machte dieses Gericht bei Familienfeiern zu etwas ganz Besonderem.

Typisch elsässisch –
ein fantastisches Sonntagsgericht.

Coq au Riesling

Frankreich küsst Baden

Die Mastpoularde mit Knochen in 8 Teile (sind sonst zu groß) zerlegen, unter fließendem Wasser gründlich abspülen, mit Haushaltspapier trocken tupfen und mit Salz und Pfeffer einreiben.

Butter und Öl in einem Topf erhitzen und die Fleischstücke darin langsam rundherum anbraten. Nur ganz leicht Farbe nehmen lassen.

Nebenher Schalotten und Knoblauchzehe schälen. Schalotten feinhacken, Knoblauch mit etwas Salz zerdrücken.

Die Hähnchenteile aus dem Topf nehmen. Schalotten und Knoblauch in dem Bratfett unter Rühren glasig werden lassen. Den Cognac angießen, anzünden und ausbrennen lassen. Das Mehl unterrühren und hell anschwitzen lassen. Mit dem Riesling ablöschen. Hähnchenteile, Thymian und Lorbeerblatt in den Topf geben und zugedeckt bei nicht zu starker Hitze 40 Minuten sanft schmoren lassen.

Champignons putzen, wenn nötig waschen, dann mit einem sauberen Küchentuch abreiben. Einige große Pilze zum Garnieren zurücklegen. Die übrigen in Scheiben schneiden und nach 10 Minuten in den Topf geben. Die großen Champignons tournieren, mit etwas Zitronensaft bestreichen und einige Minuten mitgaren.

Geflügelstücke und ganze Champignons (tourniert) aus dem Fond nehmen und warm halten. Den Fond durch ein Sieb streichen, mit Crème fraîche verrühren, mit Salz, weißem Pfeffer und nach Belieben noch etwas Zitronensaft würzen. Die Geflügelstücke wieder in die Sauce geben und mit den tournierten Champignons und Kerbelgrün garnieren.

Dazu in Butter geröstete Weißbrottaler reichen. Als weitere Beilagen kann man Reis oder dünne Bandnudeln und einen grünen Salat in einer weißen Salatsauce (siehe Rezept Seite 54) reichen.

Zutaten
für 4 Personen

1 küchenfertige Mastpoularde von ca. 1,5 kg
Salz
weißer Pfeffer aus der Mühle
40 g Butter
1 EL Traubenkernöl
5 Schalotten
1 große Knoblauchzehe
30 ml Cognac
1 EL Mehl
3/8 l Elsässer Riesling
4 Stängel Thymian
1/2 Lorbeerblatt
200 g frische Champignons
Zitronensaft
1 kleiner Becher Crème fraîche (100 g)
Kerbel zum Garnieren

Gault&Millau
Riesling Grand Cru Altenberg de Bergheim
Maison Gustave Lorentz, Frankreich

Mächtiger, am besten fünf Jahre gereifter Grand Cru Riesling, wie er Elsass-typischer nicht sein könnte.

Ein Muss in der elsässischen Küche. In der Familie Burda auch als Jagdessen sehr beliebt

Straßburger Baeckeoffe

Fleisch in gleichgroße Stücke schneiden, salzen und pfeffern und mit Lorbeerblatt und Nelken in eine ovale Steingutform (mit Deckel) geben. Knoblauch und Karotten schälen und in Scheiben schneiden. Lauch putzen und in Ringe schneiden.

Kartoffeln und Zwiebeln in ½ cm dicke Scheiben schneiden. Das Gemüse mit dem Knoblauch etwas salzen und pfeffern. Ebenfalls in die Form geben, Brühe und Wein dazugießen. Alles sollte gut mit Flüssigkeit bedeckt sein. Mehl und Wasser zu einem Teig kneten. Die Form nun mit dem Mehlteig luftdicht verschließen und bei 200° C Ober- und Unterhitze (Umluft 180° C) in den vorgeheizten Backofen geben und 2 Stunden garen. Französisches Baguette dazu servieren.

Hinweis: Gerne kann man den Baeckeoffe (ohne den Mehlteig) auch am Vortag zubereiten und über Nacht im Kühlschrank marinieren lassen. Vor dem Backen dann den Mehlteig anrühren, die Steingutform damit verschließen und in den Backofen geben.

Zutaten
für 6-8 Personen

750 g Rinderschulter
1/2 Schweinelende
750 g Lammschulter
3 Knoblauchzehen
Salz, Pfeffer aus der Mühle
2 Lorbeerblätter
3-4 Nelken
2 Wacholderbeeren
1,5 kg Kartoffeln
2 Karotten
1 Stange Lauch
500 g Zwiebeln
1 l Fleischbrühe
0,75 l Weißwein trocken

Teig zum Verschließen der Steingutform:
200 g Mehl, ca. 70 ml Wasser

TIPP VON SOPHIE Hochburg der typischen Elsässer Keramik (siehe Foto links) ist das Örtchen Soufflenheim. Hier finden Sie viele kleine Hersteller mit eigenen Ladengeschäften. Übrigens eignet sich auch ein Römertopf, falls Sie gerade kein Original zur Hand haben.

Gault&Millau
Riesling Grand Cru „Hengst"
Domaine Josmeyer, Frankreich
Das biodynamische Gut von Jean Meyer erzeugt wahrlich große Rieslinge mit schier unendlichem Entwicklungs-Potential und feiner Salzigkeit am Gaumen.

Schinken

im Pastetenteig

Zutaten
für 6-8 Personen

600 g Mehl
250 g Butter
50 g Schweineschmalz
1 Ei
10-12 EL Wasser
10 g Salz
1 Rollschinken (gepökelt) ca. 1,5 kg (ca. 1Std. im Wasser sieden lassen.)
2 EL mittelscharfer Senf

Mehl auf die saubere Arbeitsfläche sieben und eine Mulde bilden. Weiche Butter würfeln und mit dem Ei, dem Salz und dem Schmalz in die Mulde geben. Wasser hinzufügen. Alles rasch miteinander verkneten, bis ein geschmeidiger, glatter Teig entstanden ist. Falls der Teig zu trocken ist, einfach noch etwas Wasser dazugeben. Den fertigen Teig in Klarsichtfolie hüllen und mindestens 1 Stunde ruhen lassen.

Den bereits gekochten, kalten Rollschinken mit Senf bestreichen. Teig auf etwas Mehl bis zu einer Stärke von 3-4 mm ausrollen und den Schinken damit umhüllen. Bei 180° C Ober- und Unterhitze (Umluft 160° C) für 55-65 Minuten den Schinken in den Backofen schieben. Schinken nach dem Herausnehmen kurz ruhen lassen und ihn erst am Tisch mit einem Sägemesser aufschneiden.

Als Beilage eignet sich Kartoffelsalat (siehe Rezept Seite 15) oder grüner Salat.

Gault&Millau
Riesling „Goldenes Loch" GG
Weingut Schloss Neuweier, Baden
Dieses kraftvolle Gericht braucht einen ebenso kraftvollen Gegenpart, der Neuweierer Schlossherr und Star-Önologe Robert Schätzle hat ihn im Keller.

Beeinflusst durch die Straßburger Spitzengastronomie – die feine Abwandlung vom badischen Schinken im Brotteig.

Dieser badische Klassiker wird in alter Familientradition heute noch an Heiligabend bei Hubert Burda aufgetischt. Meist gibt es dazu einen Kartoffelsalat, der aus ganz dünn geschnittenen Kartoffelscheiben, Fleischbrühe, Essig und Öl zubereitet wird.

Badisches Schäufele

Schäufele in einen großen Topf geben und mit heißem Wasser übergießen. Das Wasser aufkochen, dann abgießen.

Die geschälten Zwiebeln mit Lorbeerblättern und Nelken spicken. Die Möhren schälen und in große Stücke schneiden. Zusammen mit den Wacholderbeeren in den Topf geben. Das Schäufele darauflegen, mit Pfeffer bestreuen und soviel kaltes Wasser angießen, dass das Schäufele eben bedeckt ist. Das Wasser langsam zum Kochen bringen und das Schäufele zugedeckt bei nicht zu starker Hitze etwa 90 Minuten simmern lassen. Dann abtropfen lassen und in Scheiben schneiden. Schäufele kann warm und kalt gegessen werden. Dazu reicht man Kartoffelsalat (siehe Rezept Seite 15), kleine Gewürzgurken und süßsauer eingemachten Kürbis. Man kann auch Sauerkraut und Kartoffelpüree dazu servieren.

Hinweis: Wenn das Schäufele nur mild geräuchert und gepökelt ist, kann man es auch im Backofen garen. Ein großes Stück Alufolie „extra stark" zuschneiden und die Ränder etwas hochziehen. Zwiebelscheiben, Möhrenscheiben und Gewürze hineinlegen, das Schäufele daraufsetzen, mit ¼ l Riesling umgießen und die Folie gut zufalzen. Das Schäufele in dem auf 200° C Ober- und Unterhitze (keine Umluft!) vorgeheizten Backofen 90 Minuten garen. Dann wie beschrieben servieren.

Eventuell den Fond mit etwas Mehl oder Speisestärke als Sauce binden. Dann jedoch auf jeden Fall Sauerkraut und Kartoffelpüree oder Salzkartoffeln als Beilagen dazugeben.

Zutaten
für 8 Personen

1 Schäufele (gepökelte und geräucherte Schweineschulter) von ca. 2 kg
2 mittelgroße Zwiebeln
2 Lorbeerblätter
8 Nelken
2 Möhren
6 Wacholderbeeren
1/2 TL schwarze Pfefferkörner

Gault&Millau
Silvaner „Willi", von alten Reben
Weingut Dr. Heger, Baden
Benannt nach dem Pferd Willi, welches kraftvoll zwischen den Rebzeilen in dieser besonderen Lage zieht, ist dieser Silvaner der kraftvolle Ausdruck dieser Ihringer Traditions-Rebsorte.

Spargel „badisch" mit Kratzete und Sauce hollandaise oder Vinaigrette – ein unverzichtbarer Genuss für Verleger Hubert Burda in der Spargelzeit. Serviert auf Aenne Burdas Spargel-Service.

Zutaten
für 4-6 Personen

3,2 kg Spargel
Salz
Zucker
etwas Zitronensaft
40 g Butter

Kratzete

200-250 g Weizenmehl Type 405
4 Bio-Eier
150 ml Milch
Salz, Pfeffer und Muskatnuss
150 ml Mineralwasser mit Kohlensäure
1 EL neutrales Öl
2-3 EL Butterschmalz zum Ausbacken
2 EL fein geschnittener Schnittlauch

Gault&Millau
Weißburgunder „Im Leh" GG
Weingut Franz Keller

Ein eleganter Weißburgunder mit viel Grip am Gaumen ist Winzer Friedrich Kellers Interpretation dieser wahrlich großen Kaiserstühler Lage. Die Winzerlegende, Großvater Franz, kann stolz herabblicken.

Spargel „badisch"

mit Kratzete und Sauce hollandaise oder Vinaigrette

Bei einem großen Spargelessen sollte man pro Person mit ca. 800 g der zarten Stangen rechnen. Sie werden gewaschen, dann vom Kopf zum Ende hin dünn geschält, die Enden werden abgeschnitten, damit auch nicht die winzigste holzige Faser an der Stange bleibt. Den Spargel dann portionsweise bündeln.

Aus wenig Wasser (für 4 Portionen etwa 1/4 l), das mit Salz, einer kräftigen Prise Zucker und etwas Zitronensaft gewürzt wird, einen Sud zubereiten. Butter zufügen und den Sud aufkochen. Die Spargelpakete einlegen und zugedeckt etwa 20 Minuten garen. Der Spargel sollte noch etwas „Biss" haben.

Hinweis: Spargel mit violetten Köpfen muss man 5-10 Minuten länger kochen. Den Spargel sofort nach dem Garen servieren.

Kratzete (badisch für zerteilte, „zerkratzte" Pfannkuchen)

Zuerst Mehl in eine Schüssel sieben. Die Eier trennen, das Eiweiß zurückbehalten und kühl stellen. Eigelbe nun mit der Milch unter das Mehl rühren. Mineralwasser, Schnittlauch und Gewürze hinzufügen und ca. 10 Minuten ruhen lassen. Den Backofen auf ca. 68-70° C Ober- und Unterhitze (Umluft 60° C) vorheizen.

Jetzt das Eiweiß aufschlagen, bis es steif ist, und unter die Teigmasse geben. In der Pfanne nun peu à peu 8 gleichmäßige Pfannkuchen ausbacken. Dazu zuerst immer etwas Butterschmalz in der Pfanne erhitzen, mit einer Schöpfkelle die Masse gleichmäßig darin verteilen, bis der Teig eine schöne Bräune bekommen hat. Danach wenden und von beiden Seiten knusprig backen. Den Pfannkuchen jetzt in Stücke zerreißen (kratzen). Jedoch bei beschichteten Pfannen hierbei auf ein Schneidebrett ausweichen. Die „Kratzete" dann bis zum Servieren im Backofen warm halten. ▶

Zutaten
für 4-6 Personen

Sauce hollandaise
Für die Weißweinreduktion:
2 Schalotten
400 ml Weißwein
100 ml Estragonessig
100 ml Wasser
Lorbeerblatt
6-8 Pfefferkörner
180 g Butter
3 Eigelb
etwas Zitronensaft
1 Prise Meersalz
nach Belieben
1 Prise Cayennepfeffer

Sauce Vinaigrette
1 hartgekochtes Ei
1/2 Bund Kerbel
2 Tomaten
2 Schalotten
6 EL Weinessig
Salz, weißer Pfeffer aus der Mühle
1 Prise Zucker
12 EL Walnuss- oder Traubenkernöl

Sauce hollandaise

Reduktion herstellen: Schalotte schälen, fein schneiden, in einen kleinen Topf geben und mit Weißwein, Estragonessig, Pfefferkörnern und Lorbeerblatt aufkochen – bis auf ca. 100 ml reduzieren und beiseitestellen.

Nun die Butter in einem kleinen Topf schmelzen und langsam zum Kochen bringen, bis sie einen leicht nussigen Geschmack erhält. Dann sofort zur Seite stellen. Die abgekühlte Weißweinreduktion zusammen mit den Eigelben (Zimmertemperatur) in einen flachen, kleinen Topf geben und mit dem Schneebesen zu einer „weißen Crème" aufschlagen. Nun die Eigelbmasse auf dem Herd bei reduzierter Hitze weiter schaumig schlagen. Sie sollte aber auf keinen Fall zu heiß werden. Jetzt die lauwarme, flüssige Butter zuerst in Tropfen, dann in einem dünnen Strahl nach und nach unterziehen, bis die Sauce eine sämige Konsistenz erhält. Mit Salz, ein paar Spritzern Zitronensaft und ggfs. Cayennepfeffer abschmecken und servieren.

Hinweis: Statt in einem kleinen Topf kann die Sauce hollandaise auch in einem Schneeschlagkessel im warmen Wasserbad aufgeschlagen werden.

Falls die Butter zu heiß eingerührt wurde, gerinnt die Sauce. Dann bitte 1-2 EL kaltes Wasser über den Rand dazugeben und die Butter durch erneutes Aufschlagen wieder zum Emulgieren (Binden) bringen. Ansonsten einfach nochmals separat ein Eigelb mit etwas Weißwein cremig aufschlagen und darin die geronnene, lauwarme Sauce langsam einrühren.

Sauce Vinaigrette (mit Ei & Tomaten-Concassée)

Das Ei schälen und sehr fein würfeln. Mit einem scharfen Messer bei den Tomaten unten in die Haut ein Kreuz einritzen, nur kurz in kochendes Wasser legen und danach die Haut abziehen. Fruchtfleisch entfernen und die Filets in kleine Würfel schneiden. Den Kerbel abspülen, trocken tupfen und ebenso wie die zuvor geschälten Schalotten fein hacken. Essig mit Salz, Pfeffer und Zucker verrühren, nach und nach das Öl einlaufen lassen, dabei immer mit einem Schneebesen rühren. Zum Schluss das Ei, die Tomatenwürfel (Tomaten-Concassé), den Kerbel und die Schalotten unterheben.

Tafelspitz

mit Meerrettich

Zuerst die Knochen und das Fleisch 2-3 Minuten in kochendes Wasser geben und anschließend kalt abbrausen. Die Knochen in einen großen Topf geben und mit reichlich kaltem Wasser aufgießen und zum Kochen bringen. Mit einer Schöpfkelle den Schaum entfernen. Erst jetzt das Fleisch und die Gewürze hinzufügen, nochmals zum Kochen bringen und danach bei reduzierter Hitze 2 bis 2,5 Stunden simmern lassen. Dabei immer wieder den Schaum entfernen. Nach 1,5 Stunden eine halbe Zwiebel mit Schale in einer Pfanne (fettlos) auf der Schnittfläche anrösten, bis sie schwarz karamellisiert und mit der anderen Zwiebelhälfte und dem restlichen, sorgfältig geputzten Gemüse in die Brühe geben. Das Fleisch ist gar, wenn man mit einer Fleischgabel leicht in das Rindfleisch einstechen kann.

Das Fleisch aus der Brühe heben, auf ein Fleischbrett mit Rinne legen und einige Minuten ruhen lassen, dann schräg zur Faser in etwa 5 mm dicke Scheiben schneiden. Auf einer Platte anrichten und mit etwas durchgesiebter Brühe übergießen. Mit Schnittlauch bestreuen.

Beilagen: Meerrettichsauce, Salz- oder Bouillonkartoffeln (siehe Rezepte Seite 227) und Preiselbeeren.

Variation: Als lauwarmer Tafelspitz mit Vinaigrette (siehe Rezept linke Seite) lässt sich das fertig gegarte Fleisch am nächsten Tag sehr gut als Vorspeise servieren. Am besten schmeckt es in hauchdünne Scheiben geschnitten, kurz in Brühe erwärmt und auf dem Teller mit etwas Vinaigrette übergossen. Wenn es eine Hauptspeise werden soll, eignen sich Bratkartoffeln als Beilage hervorragend. ▶

Zutaten
für 6 Personen

500 g Rinderknochen
1-2 Markknochen
ca. 2 l Wasser
Salz
einige Pfefferkörner
1 Zwiebel
1 Lorbeerblatt
2 Gewürznelken
1,5 kg Rindfleisch
(Tafelspitz oder Rinderbrust)
1 kleine Stange Lauch
1 Möhre
125 g Sellerieknolle
1 Petersilienwurzel
(ersatzweise 1 Bund Petersilie)
1 Zweig Liebstöckel (Maggikraut)
1 EL Schnittlauchröllchen
Preiselbeeren

Eines der Lieblingsgerichte des Senators.

Meerrettichsauce

Für die Meerrettichsauce die Tafelspitzbrühe mit der Milch und der Sahne aufkochen lassen.

Nach ca. 5 Minuten das Weißbrot hinzufügen und nochmals kurz aufkochen lassen. Den Topf zur Seite nehmen und den frischen Meerrettich unterrühren und kurz einziehen lassen.

Anschließend die Sauce durch ein Passiersieb streichen und erhitzen – aber nicht mehr kochen lassen. Mit Salz, Pfeffer, Muskat, Zucker und Zitronensaft abschmecken und servieren.

Bouillonkartoffeln

Petersilie waschen, trocknen und schneiden. Zwiebel, Kartoffeln und Gemüse schälen und in Würfel schneiden. In Butter anschwitzen und würzen. Nun die heiße Fleischbrühe so hinzufügen, dass die Kartoffeln und das Gemüse nur knapp bedeckt sind. Lorbeerblatt, Gewürznelke und eine Prise Kümmel hineingeben und 15 bis 20 Minuten köcheln lassen, bis die Kartoffeln noch „bissfest" sind. Evtl. etwas Brühe nachgießen. Vor dem Servieren Lorbeerblatt und Nelke entfernen, ggfs. abschmecken und mit fein geschnittener Petersilie bestreuen.

Zutaten
für 6 Personen

Meerrettichsauce
150 ml Milch
150 ml Sahne
300 ml Tafelspitz- bzw. Rinderbrühe
nach Belieben 150-170 g frischer Meerrettich gerieben
50 g Weiß- oder Toastbrot entrindet und gewürfelt
Salz und Pfeffer aus der Mühle
1 Prise Muskat
1 Prise Zucker
etwas Zitronensaft

Zutaten
für 4 Personen

Bouillonkartoffeln
500 g festkochende Kartoffeln
2 Karotten
150 g Knollensellerie
1/2 Zwiebel
40 g Butter
1 kleines Lorbeerblatt
1 Gewürznelke
1 Prise Kümmel
400 ml Fleisch- oder Gemüsebrühe
Salz
2 EL Blattpetersilie (frisch geschnitten)
1 Prise Muskat

Gault&Millau
Riesling Smaragd „Unendlich"
Weingut F. X. Pichler, Österreich
Bestes gekochtes Rindfleisch, gepaart mit der süßen Schärfe der Meerrettichsauce, stellt hohe Ansprüche an den Wein, der „Unendlich" erfüllt diese spielerisch.

Eingemachtes Kalbfleisch
mit badischen Nudeln

Zutaten
für 4 Personen

Kalbfleisch
1 kg Kalbfleisch aus der Keule
150 g Knollensellerie
150 g Karotten
100 g Lauch (nur den weißen, hellen Teil)
1 Zwiebel
2 EL Butterschmalz
2 EL Mehl
150 ml trockener Weißwein (z.B. Riesling)
600 ml heller Kalbsfond
200 ml Sahne
Salz und Pfeffer
1 EL Zitronensaft
wenige Tropfen Worcestersauce
frische Kräuter zum Garnieren (Kerbel, Majoran, Petersilie)

Badische Nudeln
300 g Nudel- oder Spätzlemehl
Salz
3 Bio-Eier (Größe L)
1 EL Sonnenblumenöl (hochwertig, neutral)
etwas Mehl für Arbeitsfläche
Nudelholz oder Maschine

Gault&Millau
Grauburgunder Spiegelberg GG
Weingut Heitlinger, Baden
Ein besonders feinwürziger, cremiger Grauburgunder ist die Empfehlung zum feinen Kalbfleisch-Gericht in Kombination mit der dezenten Süße der Karotten.

Kalbfleisch kalt abwaschen, trocken tupfen und in ca. 3 x 3cm große Würfel schneiden. Gemüse waschen, putzen und in kleine Würfel teilen. Butterschmalz in einem flachen Topf schmelzen. Die Gemüse einige Minuten „blond" darin braten, dann das Kalbfleisch zufügen und auch ohne viel Farbe zu nehmen anbraten. Das Mehl mit einem Sieb darüberstäuben und anschließend mit Weißwein ablöschen. Glatt rühren und mit dem Kalbsfond auffüllen. Alles aufkochen lassen und gut verrühren. Nun die Sahne zugießen und bei reduzierter Hitze und regelmäßigem Umrühren etwa 2 Stunden garen. Die Sauce sämig einkochen, mit Salz und Pfeffer abschmecken und das Kalbfleisch mit Zitronensaft und Worcestersauce verfeinern, mit Kräutern garnieren und servieren. Als Beilagen eignen sich bestens glasiertes Gemüse (Karotten, Bohnen), breite Nudeln oder Spätzle.

Badische Nudeln

Das Mehl auf die Arbeitsfläche geben und mit 1 TL Salz mischen. Mit einer Hand eine Mulde bilden. Die aufgeschlagenen Eier mit einer Gabel leicht verquirlen und in die Mulde geben. Öl hinzufügen. Alles mit den Händen vermische in etwa 10-15 Minuten zu einem glatten, geschmeidigen Teig kneten. Wird der Teig zu fest, 1 EL lauwarmes Wasser zugeben. Wenn der Teig leicht glänzt, in ein sauberes Küchentuch hüllen und bei Zimmertemperatur ca. 30 Minuten ruhen lassen. Ein Viertel des Teiges nehmen und auf einer bemehlten Arbeitsfläche gleichmäßig mit dem Nudelholz so dünn wie möglich ausrollen. Die Teigplatte auf einem bemehlten Küchentuch ca. 30 Minuten antrocknen lassen. Inzwischen die übrigen drei Teigviertel ebenso ausrollen und ruhen lassen.

Die Nudelteigplatten leicht mit Mehl bestäuben, locker zusammenrollen und mit einem langen Messer in schmale Bandnudeln oder „breite" Nudeln schneiden. Danach die Nudeln auflockern und auf bemehlten Küchentüchern ca. 30 Minuten antrocknen lassen. In einem großen Topf reichlich Wasser (pro 100 g Nudeln ca. 1 Liter Wasser) zum Kochen bringen und salzen. Für das Nudelwasser bitte kein Öl verwenden!

Hinweis: Die Nudeln sollten beim Servieren noch „Biss" haben. Werden sie frisch verarbeitet, dauert die Garzeit ca. 3 Minuten, angetrocknete ca. 1-2 Minuten länger.

Das Prozedere mit einer Nudelmaschine: Den fertigen Teig (s. oben) zu einer dünnen Platte formen. Anfangs noch bei weit aufgestellter Walzenöffnung (Stufe 1) mehrmals durchdrehen. Den Teig dabei an den Seiten immer wieder zusammenklappen und dann mit der offenen Seite nach unten durchdrehen. Zum Schluss bei eng gestellter Walzenöffnung (Stufe ca. 4-5) durchdrehen oder wahlweise die Teigplatten mit dem Aufsatz der Nudelmaschine zu Bandnudeln schneiden.

Typisch badisch und Kindheitserinnerung – auf Heimatbesuch in Offenburg eines der Lieblingsessen von Verleger Hubert Burda.

230 FASNACHT

Franz und sein „Engele":
Ein leidenschaftlicher
Kuss an der Fasnacht.

Offenburger Fasnacht: Senator Burda mit seiner schönen Frau auf der Tanzfläche.

Fasnacht

„Da bruchsch ebbes im Mage"

Die alemannische Fasnacht hat Tradition in Baden. Bei Familie Burda war Großvater Franz I., ein Sinnbild des musizierenden Büttenredners. Als „Andres" ging er in die Annalen der Offenburger Althistorischen Narrenzunft ein. Seit Generationen hat diese „fünfte" Jahreszeit mit Geselligkeit, Musik und Entertainment einen festen Platz in der Familiengeschichte. Selbstverständlich gehört dazu auch der typische „Narrenfraß", wie Scherben mit Apfelmus oder Kartoffelsuppe.

Offenburger Hexenzunft: Ein Hexenstrauß für die Frau des Gastgebers Franz Burda.

Besuch beim „Andres", einer Figur der Althistorischen Narrenzunft, die der Großvater Hubert Burdas zu Lebzeiten verkörperte. Verleger Dr. Hubert Burda, die Bürgermeister Dr. Christoph Jopen und Dieter Eckert.

Badische Scherben

Hasenohren

Zutaten
für 4 Personen

1 Ei
3 Eigelb
1 EL dicke saure Sahne oder Crème fraîche
30 g Zucker
einige Tropfen Vanille- oder Rumaroma
250 g Mehl
Mehl zum Ausrollen
Fett zum Ausbacken
Puderzucker zum Bestäuben

Ei, Eigelb, Sahne und Zucker schaumig rühren, bis sich der Zucker ganz aufgelöst hat. Dann das Vanille- oder Rumaroma untermischen.

Das Mehl sieben und in kleinen Portionen mit dem Schneebesen unter die Eimasse ziehen. Zum Schluss mit einem Lochlöffel arbeiten. Den Teig 20 Minuten ruhen lassen.

Dann den Teig auf der bemehlten Arbeitsfläche so dünn wie möglich ausrollen und mit dem Kuchenrädchen versetzte Rechtecke (Scherben) von 12 cm Länge und 5 cm Breite ausschneiden. Mit einer Gabel mehrmals einstechen, damit sie beim Backen keine Blasen bekommen.

Reichlich Fett in der Fritteuse auf 170° C erhitzen (bei Fritteusen ohne Temperaturanzeiger die mittlere Heizstufe). Immer 4 bis 5 Scherben auf einmal in dem Fett schwimmend in 2 bis 3 Minuten goldgelb ausbacken. Abtropfen und auf einer dicken Lage Haushaltspapier abfetten lassen. Die Scherben oder Hasenohren mit Puderzucker bestäubt servieren.

Hinweis: Scherben schmecken frisch gebacken am besten. Will man sie aber bis zum nächsten Tag aufheben, werden sie erst nach dem Abkühlen mit Puderzucker bestäubt und nebeneinanderliegend aufbewahrt. Statt mit Puderzucker kann man die Gebäckstücke auch mit einer Zimt-Zucker-Mischung bestreuen.

Klassisch werden die badischen Scherben entweder mit Apfelmus (siehe Rezept Seite 18) oder an Fasnacht gerne auch mit Kartoffelsuppe serviert.

Typisch in der Fasnachtszeit. Die sogenannte 5. Jahreszeit im Badischen ist seit Franz I., Großvater von Hubert Burda, fester Bestandteil im Jahreskalender der Familie und des Unternehmens aus Offenburg.

Linzertorte

mit Zimtsahne

Zutaten
für 12 Stücke

Linzertorte
300 g Mehl
300 g gut gekühlte Butter
300 g Zucker
150 g gemahlene Mandeln
150 g gemahlene Haselnüsse
1 Ei
1 geh. TL Zimtpulver
¼ TL gemahlene Nelken
1 EL Kakao
3 EL Kirschwasser oder Himbeergeist
Mehl zum Ausrollen
Butter oder Margarine zum Einfetten
6 EL schwarzes Johannisbeergelee
2 EL Himbeergelee
1 Eigelb zum Bestreichen

Zimtsahne
200 ml Sahne
1 EL bzw. 1 Pck. Vanillezucker (optional)
etwas Zucker oder Puderzucker
1 TL gemahlener Zimt

Mehl auf die Arbeitsfläche sieben und eine Vertiefung in die Mitte drücken. Die Butter in Flöckchen auf den Rand setzen, mit dem Zucker bestreuen. Mandeln, Haselnüsse, Ei, Gewürze und Kakao in die Mitte geben. Alles mit einer Palette oder einem großen Messer von außen nach innen hacken. Mit dem Kirschwasser oder dem Himbeergeist beträufeln und zu einem glatten Teig kneten. Den Teig zu zwei gleich großen Kugeln formen, in Folie einwickeln und für mindestens 1 Stunde in den Kühlschrank legen.

Die Teigmenge ist für 2 Torten gedacht. Für die erste Torte die Teigkugel aus dem Kühlschrank nehmen und in zwei Hälften teilen, wobei die eine etwas größer sein sollte. Die kleinere Menge wieder in den Kühlschrank legen. Den Teig auf der dünn bemehlten Arbeitsfläche in einem Durchmesser von 26 cm rund ausrollen und in eine entsprechend große, eingefettete Springform legen. Johannisbeer- und Himbeergelee verrühren und den Tortenboden mit der Hälfte der Mischung bestreichen.

Den übrigen Teig wieder halbieren (eine Hälfte in den Kühlschrank legen) und zu dünnen Rollen formen. Diese als Gitter auf den Boden legen und jeweils in der Mitte ganz leicht mit einem dünnen Messerrücken einkerben. Den Teigrest aus dem Kühlschrank zu einer dicken Rolle formen und als Rand um den Kuchen legen. Mit einer Gabel andrücken. Das Eigelb mit etwas Wasser verquirlen und die Teigstreifen damit bepinseln. Die Torte in dem auf 180° C vorgeheizten Backofen 60 bis 65 Minuten backen. Zweite Torte ebenso bereiten. Linzertorte muss vor dem Verzehr mindestens 3 Tage ruhen. An einem kühlen Ort hält sie sich bis zu 3 Wochen.

Hinweis: Statt mit einem Gitter kann man die Torte auch mit kleinen Teigblättchen belegen. Dazu sticht man aus der zweiten, zuvor ausgerollten Teighälfte durch Versetzen eines runden Plätzchenausstechers kleine, ovale Blättchen aus. Der Tortenrand wird durch sich dachziegelartig überlappende Blättchen gebildet und das Teiggitter durch im Viereck gelegte, sich an den Spitzen berührende Blättchen. Wer einen Heißluftherd besitzt, kann übrigens beide Torten (Einschubleiste 1 und 3) gleichzeitig backen. Die Backzeit verlängert sich jedoch um einige Minuten.

Zimtsahne

Zunächst Zimtzucker herstellen: Zucker, Vanillezucker und Zimt mischen. Die kalte Schlagsahne mit einem Mixer oder Schneebesen leicht aufschlagen. Zimtzucker hinzufügen und weiterschlagen, bis die Sahne die gewünschte Konsistenz hat.

Hinweis: Nicht länger als 1 Stunde im Kühlschrank aufbewahren. Am besten sofort servieren.

Nicht nur zur Weihnachtszeit sondern auch an allen anderen hohen Feiertagen ein Muss auf der badischen Kaffeetafel.

Mit Kirschen von den familieneigenen Obstbäumen im Weinberg eine besondere süße Spezialität.

Kirschplotzer

Brot in Scheiben schneiden und im Toaster leicht anrösten, gut ausdämpfen lassen und im Mixer zermahlen. In eine Schüssel geben und mit Kirschwasser und Wein übergießen.

Die Kirschen entstielen, waschen und gut abtropfen lassen. Nicht entkernen, da das Fruchtfleisch sonst beim Backen „ausblutet".

Eier trennen. Die Butter schaumig rühren, Zucker und Eigelb zufügen und alles zu einer glatten Masse rühren. Mandeln, Zimt und Brot untermischen. Eiweiß mit etwas Salz zu schnittfestem Schnee schlagen, auf die Eigelbmasse gleiten lassen und darauf die Kirschen geben. Alles locker, aber gründlich vermengen. Eine Springform von 26 cm Durchmesser einfetten und den Teig einfüllen. In dem auf 200° C Ober- und Unterhitze (Umluft 180° C) vorgeheizten Backofen etwa 60 Minuten backen, nach 10 Minuten Backzeit die Temperatur auf 180° C (Umluft 160° C) zurückschalten.

Den Kirschplotzer aus der Form lösen, auf einem Kuchendraht etwas abkühlen lassen. Mit Puderzucker bestäuben und mit einem kleinen Hinweis an die Gäste „Vorsicht Kirschkerne!" am besten noch lauwarm auf den Teller geben und ggfs. mit Zimtsahne (siehe Seite 234) servieren.

Variation: Es gibt noch einen zweiten, jedoch nicht so bekannten „dicken Kirschkuchen" (wie der Kirschplotzer auch genannt wird). Dabei wird das Schwarzbrot durch 8 altbackene Brötchen ersetzt, die entrindet und gewürfelt in 330 ml heißer Milch (statt Wein) eingeweicht werden. Ansonsten wird der Kuchen mit den gleichen Zutaten und wie hier beschrieben zubereitet, die Backzeit beträgt aber 75 bis 90 Minuten, die Temperatur sollte stets bei 200° C Ober- und Unterhitze (Umluft 180° C) liegen. Nach dem Backen wird der Kuchen mit Puderzucker oder ganz feinem Kristallzucker bestreut.

Zutaten
für 12 Stücke

180 g Schwarzbrot (dunkles Roggenmischbrot)
3 cl Kirschwasser
60 cl Weißwein
1,25 kg feste, schwarze Kirschen mit Kern
150 g weiche Butter
180 g Zucker
5 Bio-Eier
150 g geriebene Mandeln
1/4 TL Zimtpulver
1 Prise Salz
Butter oder Margarine zum Einfetten
Puderzucker zum Bestäuben.
Außerdem:
1 Springform ø 26 cm

Schwarzwälder Kirschtorte

Zutaten
für 16 Stücke

Biskuitboden
6 Bio-Eier
200 g Zucker
100 g Mehl
100 g Speisestärke (Mondamin)
25 g Kakao (zuckerfrei)
1 TL Backpulver
2 EL heißes Wasser (Zucker löst sich so besser auf)
70 g Kirschwasser

Kirschfüllung
600g Kirschen aus dem Glas
400 g Kirschsaft
300g Zucker
50 g Speisestärke (Mondamin)
10 EL kaltes Wasser zum Speisestärke abbinden
2 cl Kirschwasser
1 Zimtstange

Sahnefüllung
1 l Sahne
10 Blatt Gelatine
125 g Zucker
150 g Kirschwasser

Dekoration
ca. 200 g schwarze Kuvertüre zum Raspeln
16 Stück Kirschen für Deko

Backutensilien
Tortenring (ø 28 cm / ca. 8 cm Höhe)
Backpapier
Tortenteiler (16 Stücke)

Zuerst die Eier trennen. Die Eigelbe mit 100 g Zucker und 2 EL heißem Wasser schaumig schlagen. Separat das Eiweiß anschlagen, den restlichen Zucker zugeben und leicht steif schlagen. Danach das Eiweiß unter die Eigelbmasse heben. Nun Mehl, Mondamin und das Backpulver sieben und unterheben. Zum Schluss den Kakao vorsichtig dazugeben, bis die Masse komplett dunkel gefärbt ist. Nun den Tortenring mit Backpapier ausschlagen. Die Masse in den Ring einfüllen und bei 175-180°C ca. 25 Minuten backen und anschließend abkühlen lassen.

Kirschfüllung
Vorab (evtl. am Vortag) Kirschsaft, Zucker, 2 cl Kirschwasser mit der Zimtstange aufkochen und mit dem bereits angerührten Mondamin abbinden und das Ganze ca. 2-3 Minuten kochen lassen. Kirschen zugeben und anschließend kühl stellen.

Torte anrichten
Zuerst die Gelatine einweichen. Dann den fertigen Biskuitteig längs in drei runde Scheiben schneiden und mit ca. 70g Kirschwasser gleichmäßig befeuchten. Die Sahne vorsichtig schlagen – sie sollte nicht zu steif sein. Das restliche Kirschwasser (150g) mit dem Zucker in die Gelatine geben und leicht erwärmen, bis die Gelatine flüssig ist. 5 Esslöffel der geschlagenen Sahne zu der Gelatine zugeben und mit dem Schneebesen verrühren. Nun unter die geschlagene Sahne zügig unterrühren und bereithalten.

Den untersten Boden in die Backform legen und mit Sahne (ca. 1 - 2 cm) einstreichen. Die Hälfte der Kirschen einfüllen und den nächsten Biskuitboden einlegen. Sahne und Kirschen wieder einfüllen und den letzten Boden festdrücken. Tortenring entfernen. Dann die Torte mit Sahne einstreichen und die restliche Sahne in einen Spritzbeutel füllen. Die Kuvertüre raspeln und auf der Torte und am Rand verteilen. Mit dem Tortenteiler 16 Stücke formen und oben kleine Sahnetuffs auf je ein Stück spritzen, mit Kirschen belegen und ca. 1 Stunde kalt stellen. Aufschneiden und sofort servieren.

Symbol des Schwarzwalds – wie Aenne Burda in aller Welt bekannt!

„I did it my way": Aenne Burda bei der Feier zu ihrem 90. Geburtstag mit ihrem Sohn Hubert.

Über die Mode zum Lifestyle

Gedanken von Hubert Burda

Meine Mutter besuchte bereits Anfang der 50er-Jahre die Défilés der großen Pariser Modehäuser. Bei Dior, Balmain und Jacques Fath suchte sie nach neuen Schnitten für ihre Zeitschrift Burda Moden. Oftmals nahm sie mich mit nach Paris, und die Stadt mit ihrem einzigartigen Lifestyle wirkte unglaublich faszinierend auf uns.

Kein Wunder, dass mit diesem Lebensgefühl und den Besuchen in den Pariser Restaurants, wie das berühmte Tour d´Argent, auch die kulinarischen Einflüsse im heimischen Offenburg und in ihren Publikationen Einzug hielten.

Dass meine Mutter dann einen der erfolgreichsten Kochbuchverlage gründete und mit ihren Kochbüchern die Geschichte der Kulinarik in Deutschland maßgeblich prägte, ist vielen nicht bekannt.

Heute bildet der ungetrübte Sinn für Lifestyle und das intuitive Gespür meiner Mutter für die Sehnsüchte ihrer Leserinnen immer noch die DNA der aktuellen Food-Aktivitäten des Burda-Verlages, wie z. B. Lust auf Genuss, Meine Familie & ich und die Online-Portale DasKochrezept.de und eatbetter.de.

Aenne Burdas Erfolgsrezept:
„Ich bin durch und durch praktisch. Ich wusste, was normale Frauen wollen."

Wein ist Heimat

„Franzensberger". Mit Schwiegertochter Bambi und Lesehelfern fährt Senator Franz Burda auf seinem Porsche-Diesel die Ernte ein.

Ich erinnere mich oft an meinen Deutsch-Abituraufsatz. Er lautete: „Mit der Heimat im Herzen hinaus in die Welt". Und wenn ich mich recht entsinne, spielte darin auch der Wein eine Rolle. Denn es war mein Elternhaus, das in mir schon früh die Liebe zum Wein erweckte. In unserer Familie gehörte der Wein zum Essen einfach dazu.

Mein Vater, der den Wein der Ortenau besonders schätzte, rief dann: „Schenkt mir ein, ich brauche Kraft!", und wir taten es ihm nach. Natürlich nach der bis heute gültigen Erkenntnis von Paracelsus, wonach alles Ungesunde vor allem eine Frage der Menge ist. Und so haben wir früh gelernt, mit Wein verantwortlich umzugehen. Bis heute gibt es kaum einen Tag, an dem ich nicht gerne ein Glas trinke. Wein ist Teil meines Lebens und Teil meines Alltags.

Landschaft ist Heimat. In das Rebland zwischen Baden-Baden und Offenburg wurde ich geboren. Das Land ist vom Weinbau tief geprägt. Seit Jahrhunderten gibt der Wein den Menschen der Ortenau, dieser Perle des badischen Landes, Arbeit und sichert ihnen ihre Existenz.

In einer Landschaft des Weines versteht jeder, was der Dreiklang Erde, Wasser, Sonne für den Wein bedeutet und über die Qualität der jährlichen Ernte besagt. So wie jeder Winzer die Natur und die Auswirkungen der Wettersprünge und Klimawechsel erlebt und manchmal auch erleidet. Das prägt die Menschen.

Hier ist meine Heimat. Heimat, das sind die Orte der Kindheit. Dort, wo ich laufen lernte, wo ich im Bach mit aufgepumpten Schläuchen alter Autoreifen badete, wo uns der Vater aus dem Wasser zog, wo ich den Duft der Apfelblüten und den Geruch der Kornfelder in mich aufsog und wo ich die ersten Kirschen aus fremden Gärten stahl. Kurz: Die Zeit, in der ich in meiner Erinnerung der glücklichste Mensch auf Gottes Erden war. Später, als sich der Radius des Kindes vergrößerte, kamen andere Entdeckungen hinzu: die Weinberge, die vielen wunderbaren Kirchen, Klöster, Schlösser mit ihren unendlich vielen Zeugnissen eines reichen kulturellen Schaffens, die uns unser Vater gezeigt hatte. Und wiederum später die Gasthäuser und die Weinfeste. All das hat mich geprägt.

Wenn ich heute in der Gegend bin, dann lebe ich inmitten der Weinberge, in Fessenbach. Hier, wo Bacchus mit dem großartigen Brunnen von Sandro Chia eine wunderbare Verbindung von Wein und Kunst schafft, bin ich lebensglücklich. Wer die Nähe zur Heimat nicht hat, der kann auch kein Weltbürger sein.

Bis heute ist das wunderbare Land der Reben, die Ortenau, meine Heimat geblieben und wie der gesamte Oberrhein mit meiner Familie eng verbunden.

Vivat, Bacchus! Bacchus lebe!
Franz Burda stiftete den Weingott Bacchus vom italienischen Künstler Sandro Chia der Rebgemeinde Fessenbach.

Der Senator in seinen Reben:
Er liebte es in der Natur zu sein, aber auch das Schwätzle mit den Winzern bei der Arbeit.

Führt das Weingut des Vaters weiter – Hubert Burda mit seinem Franzensberger.

Dass Johannes Gutenberg für seinen ersten Buchdruck eine Weinpresse benutzt hat, ist das nicht eine wundervolle Verbindung von Weinbau und Verlag?

Wenn ich heute Wein trinke, dann nicht, um ein gutes Gespräch zu führen, um zu diskutieren, zu streiten gar oder mich zu versöhnen. Und auch nicht, um Geschäfte zu machen. Ich möchte vielmehr den Boden spüren und den Ort fühlen, an dem ich mich gerade befinde und aus dessen Erde der Wein stammt.

Wo immer ich auf der Welt bin, brauche ich Wein zur Erdung. Denn wenn ich Wein trinke, schmecke ich Heimat. Wein ist Heimat.

Hubert Burda

Beliebtes Geschenk
für Geschäftsfreunde und bei Firmenveranstaltungen.

Auf ein Glas Riesling im Durbacher Weinberg –
Sophie Hummel mit den Winzern Andreas und Alexander Laible.

Faszination Wein

Kommunikation & geteilte Freude

Das Faszinierende am Wein ist die Vielfalt, und diese ist in den badischen Anbaugebieten rund um Offenburg in einem einzigartigen Facetten-Reichtum vorhanden, wie man sie kaum mehr findet.

Genuss, insbesondere beim Wein, ist gottlob nicht auf die reine Sensorik beschränkt, denn Geschmack ist weder mit dem Metermaß messbar noch mit der Stoppuhr festzuhalten und auch nicht mit der Briefwaage zu wiegen. Weingenuss ist im besten Fall ein emotionales Empfinden und wie in anderen Geschmacksfragen, wie beispielsweise bei der Musik oder Malerei, höchst individuell geprägt, kurz für Geschmack gibt es keine Mathematik!

Weingenuss hat immer mit Menschen zu tun, Wein ist Kommunikation und geteilte Freude, Weingenuss für sich alleine im stillen Kämmerlein ist eigentlich nicht vorstellbar.

Weingenuss hat aber auch immer mit den Winzern zu tun, die wie gute Gärtner die Rebpflanzen über das ganze Jahr hegen und pflegen, dann einen präzisen Lesepunkt festlegen, um das Optimum zu ernten, was die Natur in Form von Weintrauben an Ausdruck zu bieten hat. In den Weinkellern geht die Pflege weiter, denn nun sollen hier mittels Gärung, Ausbau und Reifezeit mehr und mehr wieder im Holz durch sanfte Oxidation – Louis Pasteur: „Der Sauerstoff macht den Wein!" – authentische Wein-Persönlichkeiten heranwachsen, die bestmöglich ihre Herkunft und die Handschrift des Winzers reflektieren.

Dass diese Arbeit viel Wissen voraussetzt, mindestens genauso viel Liebe zum Detail benötigt und oft auch den Verzicht auf den schnellen wirtschaftlichen Erfolg bedeutet, legt durchaus einen philosophischen Gedankenansatz nahe. Und ganz genau um diesen Aspekt zu diskutieren und zu philosophieren, macht einen Großteil des Weingenusses aus, denn ohne das Wissen woher, warum und wieso ist alles nichts.

Auf eine Jahrgangsangabe wurde in diesem Buch bewusst verzichtet. Denn die vorgestellten und empfohlenen Weine der ausgesuchten Spitzen-Produzenten haben sich allesamt in den letzten Jahren immer wieder nicht nur bewährt, sondern haben mit überragender Qualität überzeugt.

Otto Geisel
Gault&Millau Deutschland
Leiter des Expertenrates

Zutiefst menschlich

Erinnerungen an Deutschlands größte Verlegerin

Leutselig, nahbar, zugewandt, ungemein großzügig, warmherzig, eine Frau von Welt, zugleich mit beiden Füßen auf dem Boden stehend – das sind meine Erinnerungen und Eindrücke, die sich auf Anhieb einstellen, wenn ich an meine ersten und die nachfolgenden Begegnungen mit Aenne Burda im damaligen Kurhotel Mitteltal denke.

Das war in der zweiten Hälfte der 60er Jahre, als ich aus Frankreich und England nach Mitteltal zurückgekehrt war, um nach und nach das Hotel zu übernehmen, das meine Mutter Hermine Bareiss 1951 gegründet hatte. Ein Jahr zuvor hatte Aenne Burda erstmals die Burda Moden herausgegeben, in einer Auflage von 100.000, fünf Jahre nach Kriegsende, dazu von einer Frau!, spektakulär genug. Als sie zwei Jahre später, 1952, ihre Schnittbögen auf den publizistischen Markt brachte, war spätestens damit der Grundstein eines visionär disponierten Unternehmer- und Verlegertums gelegt, das man getrost legendär nennen kann.

Das war mir als gerade mal Mittzwanziger, der die Grande Dame der deutschen Publikumspresse kennenlernen durfte, natürlich nicht im Detail bekannt. Aber wer da vor mir stand, als ich sie zum ersten Mal in Mitteltal begrüßen konnte, das war mir nicht nur voll bewusst, sondern das habe ich und das hat jeder ganz unmittelbar gespürt und empfunden, der mit ihr zu tun hatte.

Ihre Ausstrahlung war „raumfüllend", wie man es von großen Persönlichkeiten gern sagt. Es trifft aber nicht restlos das Phänomen der Erscheinung, wie ich Aenne Burda erlebte. Sie war von einer unglaublich gewinnenden, für sich einnehmenden, von jedermann ungefragt respektierten Präsenz, die bei aller spürbar unnachgiebigen, willensstarken Autorität zugleich eine enorme Liebenswürdigkeit ausstrahlte, die sie den Menschen nahebrachte.

Aenne Burda war die geborene Gründernatur, die geborene Unternehmerin, wie es auch meine Mutter war, vier Jahre jünger als sie. Bei aller Wertschätzung und herzlichen Sympathie, die jeder der beiden großen Frauen auf je eigene Weise entgegengebracht wurden, ist der Erfolg beiden nicht geschenkt worden. Das Verlagsimperium, zu dem Burda geworden ist, wurde es auch dank der Zähigkeit, Unbeirrbarkeit und Intransigenz, ohne die große Ziele nicht durchzusetzen und zu erreichen sind, wie Aenne Burda es gelungen ist.

Es gelingt aber auch nur, wenn die Mitarbeiter „mitgenommen" werden. Führungsstärke allein reicht nicht. Unverzichtbar dazu gehört auch eine wesenseigene Menschlichkeit, die sich bei Aenne Burda immer mitgeteilt und die mitgetragen hat, was Burda wurde. Ich habe das erlebt, wenn sie zu Besuch kam oder mit ihrer Familie im Hotel Urlaub machte. So sehr ihr Leben auch von jenem drängenden Immer-Vorwärts bestimmt war, das jeden Unternehmer die 24 Stunden jedes Tages umtreibt, so sehr hat sie ihr Leben auch genossen, ihre Familie, Gesellschaft und Geselligkeit. Und, natürlich, es gehört dazu, sie hat es genossen, Aenne Burda zu sein. Falsche Bescheidenheit hat nicht nötig, wer groß ist. Denn wer klein von sich denkt, lebt auch klein und schafft nichts, was bleibt.

Aenne Burda hat im Nachkriegsdeutschland Unternehmensgeschichte geschrieben, die bis heute fortwirkt. Sie war und ist bis heute Deutschlands bedeutendste Verlegerin. Eine große Frau, unvergessen.

Hermann Bareiss
Hotel Bareiss, Baiersbronn-Mitteltal

Schwarzwald-Forelle „Müllerin"
mit Mandelbutter und Petersilienkartoffeln (Rezept Seite 86).

Badens Genussbotschafterin Sophie Hummel mit Hotelier Hermann Bareiss in der berühmten Uhrenstube des Hotel Bareiss, Baiersbronn.

Adressen der empfohlenen Weingüter

Deutschland/Baden

**Gräflich Wolff
Metternich'sches Weingut**
Grol 4
77770 Durbach
Telefon 0781.42779
info@weingut-metternich.de
www.weingut-metternich.de

Weingut Blankenhorn
Basler Straße 2
79418 Schliengen
Telefon 07635.82000
info@gutedel.de
www.weingut-blankenhorn.de

Weingut Bercher
Mittelstadt 13
79235 Vogtsburg-Burkheim
Telefon 07662.212
info@weingutbercher.de
www.weingutbercher.de

Weingut Bernhard Huber
Heimbacher Weg 19
79364 Malterdingen
Telefon 07644.929 722 0
info@weingut-huber.com
www.weingut-huber.com

Weingut Dr. Heger
Bachenstraße 19/21
79241 Ihringen am Kaiserstuhl
Telefon 07668.99 511-0
info@heger-weine.de
www.heger-weine.de

Weingut Heitlinger
Am Mühlberg 3
76684 Östringen
Telefon 07259.91120
info@weingut-heitlinger.de
www.weingut-heitlinger.de

Weingut Karl H. Johner
Gartenstraße 20
79235 Vogtsburg im Kaiserstuhl
Telefon 07662.60 41
info@johner.de
www.johner.de

Weingut Franz Keller
Badbergstraße 44
79235 Vogtsburg-Oberbergen
Telefon 07662.9330-0
keller@franz-keller.de
www.franz-keller.de

Weingut Knab
Hennengärtle 1A
79346 Endingen am Kaiserstuhl
Telefon 07642.6155
knabweingut@t-online.de
www.knabweingut.de

Weingut Holger Koch
Mannwerkstraße 4
79235 Vogtsburg im Kaiserstuhl
Telefon 07662.912 258
hk@weingut-holger-koch.de
www.weingut-holger-koch.de

Weingut Kopp
Ebenunger Straße 21
76547 Sinzheim
Telefon 07221.803601
info@weingut-kopp.com
www.weingut-kopp.com

Weingut Alexander Laible
Unterweiler 48
77770 Durbach
Telefon 0781.284 2380
info@weingut-alexanderlaible.de
www.weingut-alexanderlaible.de

Weingut Andreas Laible
Am Bühl
77770 Durbach
Telefon 0781.41238
weingut@andreas-laible.com
www.andreas-laible.com

Weingut Heinrich Männle
Sendelbach 16
77770 Durbach
Telefon 0781.41101
info@weingutmaennle.de
www.weingutmaennle.de

Weingut Markgraf von Baden
Schloss Staufenberg
77770 Durbach
Telefon 0781.924 658 38
weinstube@schloss-staufenberg.de
www.schloss-staufenberg.de

Weingut Burg Ravensburg
Am Mühlberg 3
76684 Östringen-Tiefenbach
Telefon 07259.9112-0
weingut@burg-ravensburg.de
www.burg-ravensburg.de

Weingut Konrad Salwey
Kirchweg 11
79235 Vogtsburg i.K. / Niederrotweil
Telefon 07662.384
weingut@salwey.de
www.salwey.de

Weingut Claus Schneider
Lörracher Straße 4
79576 Weil am Rhein
Telefon 07621.728 17
info@schneiderweingut.de
www.schneiderweingut.de

Weingut Schloss Neuweier
Mauerbergstraße 21
76534 Baden-Baden
Telefon 07223.966 70
kontakt@weingut-schloss-neuweier.de
www.schloss-neuweier.de

Weingut Schloss Ortenberg
Am St. Andreas 1
77799 Ortenberg
Telefon 0781.93430
info@wso.de
www.wso.de

Shelter Winery
Salzmatten 1
79341 Kenzingen
Telefon 07644.92 76 63
espe@shelterwinery.de
www.shelterwinery.de

Weingut Stigler
Bachenstraße 29
79241 Ihringen
Telefon 07668.297
www.weingut-stigler.de
info@weingut-stigler.de

Weingut Fritz Waßmer
Lazariterstraße 2
79189 Bad Krozingen-Schlatt
Telefon 07633.3965
mail@weingutfritzwassmer.de
www. weingutfritzwassmer.de

Weingut Martin Waßmer
Am Sportplatz 3
79189 Bad Krozingen-Schlatt
Telefon 07633.15292
info@weingut-wassmer.com
www.weingut-wassmer.com

Weingut Ziereisen
Markgrafenstr. 17
79588 Efringen-Kirchen
Telefon 07628.2848
kontakt@weingut-ziereisen.de
www.weingut-ziereisen.de

Frankreich

Domaine Jean-Louis Chave
37, Avenue du Saint-Joseph
07300 Mauves / Rhône
Telefon +33 4 75 08 24 63
www.domainejlchave.fr

Domaine Charvin
Chemin de Maucoil
84100 Orange / Rhône
Telefon +33 490 344 110

Domaine Marcel Deiss
15, Route du Vin
68750 Bergheim / Elsass
Telefon +33 389 736 337
www.marceldeiss.com

Château Gilette
Julie Gonet-Médeville
33210 Preignac / Gironde
www.gonet-medeville.com

Domaine Jean Javillier
6, Rue Charles Giraud
21190 Meursault / Burgund
Telefon +33 380 212 461
sc.javillier.jean@orange.fr
www.vins-biologiques.org

Domaine Josmeyer
76, Rue Clemenceau
68920 Wintzenheim / Elsass
Telefon +33 389 279 190
contact@josmeyer.com
www.josmeyer.com

Maison Gustave Lorentz
91, Rue des Vignerons
68750 Bergheim / Elsass
Telefon +33 389.73.88.07
info@gustavelorentz.com
www.gustavelorentz.com

Domaine Ott / Château Romassan
601, Route des Mourvedres
83330 Le Castellet / Bandol
Telefon +33 494 987 191
www.domaines-ott.com

Château de Pibarnon
Comte Henri de Saint-Victor
410, Chemin de la Croix des Signaux
83740 La Cadière d'Azur / Bandol
Telefon +33 494 901 273
contact@pibarnon.fr
www.pibarnon.com

Domaine Rossignol-Trapet
4, Rue de la Petite Issue
21220 Gevrey-Chambertin / Burgund
Telefon +33 3 80 51 87 26
www.rossignol-trapet.com

Domaine des Sarrins
Bruno Paillard
897, Chemin des Sarrins
83510 Saint-Antonin-du-Var / Provence
Telefon +33 494 72 90 23
info@chateaudessarrins.com
www.chateaudessarrins.com

Domaine de Triennes
Le Logis de Nans
83860 Nans-les-Pins / Provence
Telefon +33 494 789 164
www.triennes.com

Maison Trimbach
15, Route de Bergheim
68150 Ribeauvillé / Elsass
Telefon +33 3 89 73 60 30
www.trimbach.fr

Italien

Agricola Brandini
Frazione Brandini, 16
12064 La Morra / Piemont
Telefon +39 0173 502 66
brandini@agriturismolamorra.it
www.agriturismolamorra.com

Azienda Agricola Foradori S.s
Via Damiano Chiesa, 1
38017 Mezzolombardo (TN)
Telefon +39 0461 601 046
info@agricolaforadori.com
www.agricolaforadori.com

Weingut Baron Longo
Fleimstalerstraße 30
39044 Neumarkt / Südtirol
Telefon +39 0471 820 007
www.baronlongo.com

Fattoria di Capezzana
Via Capezzana, 100,
59015 Carmignano / Toscana
Telefon +39 055 870 6005
www.capezzana.it

Donnafugata
Via S. Lipari, 18
91025 Marsala / Sizilien
Telefon +39 0923 724 200
www.donnafugata.it
info@donnafugata.it

Gump Hof - Weingut Markus Prackwieser
Strada di Fiè 11 - Novale di
39050 Presule BZ / Südtirol
Telefon +39 0471 601 190
info@gumphof.it
www.gumphof.it

Weingut Franziskus Haas
Villnerstraße 6
39040 Montan / Südtirol
Telefon +39 0471 812 280
info@franz-haas.it
www.franz-haas.it

Tenuta delle Terre Nere
Strada Comunale Calderara
95036 Randazzo / Sizilien
Telefon +39 095 924002
info@tenutaterrenere.com
www.tenutaterrenere.com

Österreich

Weingut Emmerich Knoll
Unterloiben 132
3601 Dürnstein / Wachau
Telefon +43 2732 793 550

Weingut F. X. Pichler
Oberloiben 57
3601 Dürnstein / Wachau
Telefon +43 2732 853 75
weingut@fx-pichler.at
www.fx-pichler.at

Weingut Rudi Pichler
Marienfeldweg 122
3610 Wösendorf / Wachau
Telefon +43 2715 2267
weingut@rudipichler.at
www.rudipichler.at

Brauereien

Badische Staatliche Rothaus Brauerei AG
Rothaus 1
79865 Grafenhausen-Rothaus
Telefon 07748.5220
www.rothaus.de

Meckatzer Löwenbräu
Meckatz 10
88178 Heimenkirch
Telefon 08381.5040
www.meckatzer.de

Unsere Genuss-Experten

Markus Dirr

Geboren 1965 in Endingen, absolviert Markus Dirr nach der Schule eine Metzger- und anschließend eine Kochlehre bei Franz Keller in Köln. Nach Wanderjahren in der Schweiz, Italien, auf Bermuda und in New York arbeitet Markus Dirr bei Eckart Witzigmann in der „Aubergine" in München, die als erstes deutsches Restaurant mit drei Michelin-Sternen ausgezeichnet wurde. Dann kehrt er zurück und übernimmt 1995 die Metzgerei der Familie in Endingen, die er nunmehr in der vierten Generation führt. Dirrs luftgetrocknete Schinken und Salamisorten sind längst überregional berühmt. Meist sind es traditionelle Rezepte, die der gelernte Koch verfeinert und verbessert, stets auf der Suche nach besten Rohstoffen und neuen Ideen – immer kreativ und innovativ. So verwundert es nicht, dass das gesamte Sortiment aus eigener Herstellung stammt.

Trotz ständigem Zeitmangel gehört seine Passion aber weiterhin auch dem Kochen, das er bereits auf zahlreichen Firmenevents und privaten Einladungen bei Verleger Dr. Hubert Burda in Offenburg zelebrierte. Sein Catering mit kupfernem Wurstkessel im Weingut Dr. Burda ist legendär.

www.metzgerei-dirr.de

Otto Geisel

Initiator des Internationalen Eckart Witzigmann-Preises sowie des Bachelor-Studienganges Foodmanagement (DHBW), langjähriges Mitglied der „Großen Europäischen Weinjury", erster öffentlich vereidigter Sachverständiger für Weinbewertung in Deutschland, Autor zahlreicher Publikationen und Gründer des Instituts für Lebensmittelkultur in München sowie Leiter des Expertenrates für Gault&Millau Deutschland. Als Berater von Hubert Burda Media und des Weingutes Dr. Burda ist Otto Geisel seit 2006 tätig.

www.ottogeisel.de

Franz Keller

Schon als kleiner Bub zeigte ihm seine Oma Mathilde in Oberbergen am Kaiserstuhl, wie man Kartoffelsalat und Schäufele macht – bodenständige, saisonal orientierte Gerichte nach traditionellen Rezepten. Dass Kochen Handarbeit im wahrsten Sinne des Wortes ist, brachte ihm auch sein erster Lehrmeister, der Freiburger Gastwirt Hans Beck, bei: Man muss es erst von der Pike auf beherrschen, um es dann perfektionieren zu können.

Diese Perfektion lehrten ihn dann später so berühmte Patrons wie Jean Ducloux, Paul Lacombe (der zauberte aus einfachen und teilweise deftigen Zutaten ganz exzellente, bodenständige Gerichte), Paul Bocuse (bei ihm lernte er Stehvermögen und das Selbstvertrauen, nach den Sternen zu greifen) oder das „Enfant terrible" der französischen Gastronomie, Michel Guérard.

Für Aenne und Franz Burda kocht er nach seiner Rückkehr regelmäßig im heimischen „Schwarzen Adler" in Oberbergen.

Nach der erfolgreichen Zeit auf Max Grundigs „Bühlerhöhe" schaffte es Franz Keller als erster Sternekoch Deutschlands, gleichzeitig zur Gourmetküche in „Franz Kellers Restaurant" in Köln, direkt nebenan im Bistro „Tomate" mit einfachen Gerichten auch jüngere Leute mit kleinem Geldbeutel zu begeistern. Danach folgte die Adler-Wirtschaft in Hattingen, die sein Sohn erfolgreich weiterführt.

Seinen Traum erfüllte er sich mit dem Falkenhof, wo er sich heute um das Wohl seiner Tiere kümmert, weiterhin Gäste empfängt und Bücher schreibt.

www.falkenhof-franzkeller.de

Bernd Werner

Dass Bernd Werner Koch werden wollte, wusste er schon im Alter von 15 Jahren. Mit Unterstützung seiner Familie trat er schon bald eine Lehrstelle im Durbacher Hotel Ritter an. Das Restaurant im „Ritter" wurde damals mit sensationellen zwei Michelin-Sternen bewertet. Danach folgten mehrere Stationen in hochdekorierten Restaurants in Deutschland, darunter die „Aubergine" in München bei Eckart Witzigmann.

Seit 2005 führt er zusammen mit seiner Frau Roswitha das Hotel und die Restaurants von Schloss Eberstein in Gernsbach bei Baden-Baden.

Die Kreationen von Bernd Werner zeichnen vor allem die Liebe zur kreativen und leichten Küche, aber auch zu regionalen badischen Spezialitäten aus.

Die langjährige Verbundenheit des Sternekochs zum Hause Burda ergab sich bereits früh: Zuerst an der Seite von Küchenchef Ernst Birsner im Burda Kochstudio, später als versierter Caterer und Teil des legendären BAMBI-Küchenteams.

www.hotel-schloss-eberstein.de

Alle Rezepte

A

Americano	195
Apfelküchle	38
Apfelmus	18
Arancini	76
Artischockensalat	163
Auberginen, überbacken	79
Avocado	157

B

Baeckeoffe, Straßburger	217
Beurre Blanc	136
Bibeleskäs	12
Blattspinat	212
Blinis mit Kaviar	178
Bloody Mary	194
Bouillabaisse	161
Bouillonkartoffeln	227
Brägele	16
Bratkartoffeln	16
Bucatini alle Vongole	82
Bullshot	194

C

Campari Soda	195
Caponata	85
Champagnersauce	130
Champagnersorbet	129
Chateaubriand	139
Colonel, Digestif	199
Coq au Riesling	215
Crêpes Suzette	170
Cumberlandsauce	112

D

Dressings für Blattsalate	54

E

Eierstich	29

F

Fasan	101
Feldsalat	97
Fenchelstängel, gefüllt	32
Flädlesuppe	27
Fleischbrühe	27
Forelle Müllerin	86

G

Gänseleberparfait, Straßburger	115
Garnelensalat	157
Geflügelsalat	55
Gewürztraminer-Gelee	115
Gin-Fizz	197
Gin Tonic	197
Grießklößchen	29
Gulaschsuppe	96
Gurkenkaltschale	127
Gurkensalat, amerikanisch	53

H

Hähnchen, pikant	88
Hasenohren	232
Hechtklößchen	212
Herzoginkartoffeln	34
Huhn „Biryani"	182
Hummer à l'Amoricaine	132

I

Italienisches Gemüse-Schmorgericht	85

J

Jakobsmuscheln	130

K

Kalbfleisch, eingemacht	228
Kalbfleischküchle	15
Kalbsbrust, gefüllt	32
Kalbsmedaillons	35
Karottensalat	54
Kartoffelgratin	166
Kartoffelsalat	15
Käsetorte, pikant	61
Kirschplotzer	237
Knoblauch, confiert	163
Königinpastete	31
Kratzete	223

L

Lachs	50
Lachs, hausgebeizt	118
Lammkarree, provenzalisch	166
Lammcurry, indisch	184
Lauchgemüse	136
Linzertorte	234
Lychee-Cocktail	198

M

Marillenknödel	154
Markklößchensuppe	28
Meerrettichsauce	227

Melanzane alla parmigiana	79
Meloneneis	66
Minestrone	75
Muscheln in Rahmsauce	159

N

Nierchen „Saint-Louis"	169
Nudeln, badisch	228

O

Orangenflan	67

P

Palatschinken	148
Pellkartoffeln	12
Petersilien-Kartoffeln	134
Pfannkuchensuppe	27
Planter's Punch	199
Pollo alla diavola	84

Q

Quiche Lorraine	207

R

Räucherforelle, gedämpft	58
Rehkeule, gefüllt	65
Rehrücken „Baden-Baden"	62
Reisbällchen, gefüllt	76
Remouladensauce	57
Rieslingsauce	211
Rinderzunge in Madeirasauce	37
Roastbeef	57
Rouille	162

S

Salade niçoise	156
Saltimbocca romana	81
Saté vom Huhn	180
Sauce béarnaise	139
Sauce hollandaise	224
Sauerbraten	102
Saure Leberle	16
Schäufele, badisch	221
Scherben, badische	232
Schinken im Pastetenteig	218
Schnecken in Kräuterbutter	206
Schneckensuppe, badisch	49
Schneeballen	19
Schwarzwälder Kirschtorte	238
Seeteufel	163
Seezunge	134
Semmelknödel	102
Senfsauce	118
Shrimpssalat	114
Spareribs, asiatisch	187
Spargel, badisch	223
Spätzle, badisch	64
Spinatsalat	50
Steinbutt, pochiert	136
Striebele, badisch	18

T

Tafelspitz	225
Tatar vom Rind	117
Topfenknödel	153

V

Vanillesauce	38
Vinaigrette mit Ei	224

W

Waldorfsalat	53
Weincrème, Durbacher	141
Weinsauerkraut	101
Wiener Schnitzel	150
Wildpastete	112
Wildschweinragout	99
Wurstsalat „Elsässer Art"	211

Z

Zabaione	67
Zimtsahne	234
Zwiebelsuppe	204

Aenne Burda

Am 28. Juli 1909 wird Anna Magdalene Lemminger als Tochter des Lokomotivführers Franz Lemminger und seiner Frau Maria Viktoria in Offenburg geboren.

Bis zur Mittleren Reife besucht sie die Klosterschule, danach die Höhere Handelsschule in Offenburg, schließt dort als Klassenbeste ab. Anschließend macht sie eine kaufmännische Lehre beim örtlichen Elektrizitätswerk.

1930 die Verlobung mit Franz Burda, am 1. Juli 1931 wird geheiratet, die Söhne Franz (1932), Frieder (1936) und Hubert (1940) werden geboren.

Aenne Burda ist vierzig Jahre alt, als sie 1949 den heruntergewirtschafteten Modeverlag übernimmt und mit der Zeitschrift „Burda Moden" die erfolgreichste deutsche Verlegerin nach dem Zweiten Weltkrieg wird.

Die erste Ausgabe erscheint im Januar 1950 mit einer Auflage von 100.000 Exemplaren.

Die Auflage steigt in Deutschland schrittweise auf über vier Millionen Exemplare, übersetzt in 17 Sprachen: „Burda Moden" ist 1989 die größte Modezeitschrift der Welt.

Dazu kommt der steigende Verkauf der Einzelschnittmuster bis auf 10 Millionen im Jahr 1980 sowie die diversen Sonderhefte und Kochbücher.

Im Laufe ihres Lebens erhält Aenne Burda zahlreiche Auszeichnungen, unter anderem bekommt sie als erste Frau die Jakob-Fugger-Medaille für herausragende unternehmerische Leistungen der bayerischen Verleger verliehen (1989) sowie das Große Bundesverdienstkreuz mit Stern (2001).

Ihr Ehemann, Franz Burda, stirbt 1986, im März 1987 bringt Aenne Burda mit „Burda Moden" die erste westliche Zeitschrift in russischer Sprache in der Sowjetunion heraus, begleitet von einer großen Modenschau in Moskau unter der Schirmherrschaft von Raissa Gorbatschowa. Der Verlag ist nun ein internationaler Player.

Erst im Alter von 85 Jahren zieht sich Aenne Burda 1994 nach 45 Jahren aus der Geschäftsführung zurück, der Verlag Aenne Burda wird in Hubert Burda Media integriert.

2004, anlässlich des 95. Geburtstages, benennt Aenne Burdas Heimatstadt Offenburg eine Allee nach ihrer Ehrenbürgerin.

Aenne Burda stirbt am 3. November 2005 im Alter von 96 Jahren.

Aenne Burda: An ihrem 95. Geburtstag im Jahr 2004 schaut sie dankbar auf ein erfolgreiches und erlebnisreiches Leben zurück.

Impressum

Herausgeber: Dr. Hubert Burda, Arabellastraße 23, 81925 München

Bibliografische Information der Deutschen Nationalbibliothek
Die Deutsche Nationalbibliothek verzeichnet diese Publikation in der Deutschen Nationalbibliografie;
detaillierte bibliografische Daten sind im Internet über **http://portal.dnb.de** abrufbar.

© Dr. Hubert Burda, 2021
2. Auflage 2021

Verlag: J.P. Bachem Editionen GmbH, Ursulaplatz 1, 50668 Köln

Konzeption: Sophie Hummel, Kari Albermann, Robert Pölzer

Redaktion: Sophie Hummel, Otto Geisel, Thomas Hentschel, Frank Hönninger, Andreas Miessmer, Ulrich Siefert, Rainer Knubben

Texte zur Familiengeschichte: Ute Dahmen

Rezepte:
Foodstyling: Andreas Miessmer
Food-Fotografie: Thomas Korak & Eugen Leu
Koch- und Fotostudio: Scheck's Kochfabrik, Achern, und Kohler's Kulinarium, Lahr

Fotos:
Archivfotos: Heinrich Göderz (Hubert Burda Media / Fotoarchiv), Peggy Böhm-Mildenberger (Hubert Burda Media)

Ergänzende Fotos: Max Galli (Portrait Franz Keller), Helmuth Rier (Portrait Otto Geisel), Michael Löffler (Portrait Markus Dirr)
„Cassata" (Stock Food), Thomas Hentschel (Fotos Offenburg), Achim Mende (Schloss Staufenberg),
Frank Zauritz (Portrait Sophie Hummel, Portrait Bernd Werner, Hotel Bareiss, Forelle)

Gestaltung: Ulrich Siefert, Simone Vollmer, Offenburg
Beratung Design: Christian Guth (Hubert Burda Media)
Lektorat: Reinhold Klein, Ortenberg
Druck: B&K Offsetdruck GmbH, Gutenbergstraße 4 – 10, 77833 Ottersweier

ISBN 978-3-7510-1263-8

Mit besonderem Dank an:
Hermann Bareiss, Christa Burda, Markus Dirr, Sibylle & Christoph Engelhardt, Otto Geisel,
Franz Keller, Uwe Kohler, Susanne Scheck, Willi Schöllmann, Bernd Werner